Vie

DE

Monsieur Louis CHOMEL

IL A ÉTÉ TIRÉ DE CET OUVRAGE
100 EXEMPLAIRES SUR PUR FIL LAFUMA
NUMÉROTÉS DE 1 à 100
et 300 EXEMPLAIRES SUR VÉLIN
NON NUMÉROTÉS.

VIE

DE

Monsieur Louis CHOMEL

MORT EN ODEUR DE SAINTETÉ

à Annonay

PAR M. L'ABBÉ LÉORAT DE PICANSEL

Imprimée à Avignon en 1788.

Chez François GUIBERT, Imprimeur - Libraire

Rééditée, annotée et suivie de Notices généalogiques

Par M. Benjamin CHOMEL,

Docteur en droit, Ancien magistrat,

Chevalier de Saint-Grégoire-le-Grand.

LIBRAIRIE CATHOLIQUE EMMANUEL VITTE

LYON
3, place Bellecour, 3

PARIS
5, rue Garancière, 5

1928

Préface à la nouvelle Édition.

La Vie de Louis Chomel *Dit le Béat, écrite en* 1788 *par M. le curé Léorat de Picansel, peu après la mort de cet homme de bien, est aujourd'hui à peu près introuvable. Imprimée à Avignon en caractères minuscules et avec l'orthographe du temps, elle nous a paru, malgré ses défectuosités, devoir intéresser la nombreuse postérité des frères et sœurs du Béat, et nous avons eu la pensée de la rééditer.*

Peut-être eût-il été bon de supprimer quelques longueurs et de couper le récit par quelques divisions ou chapitres, mais nous avons préféré reproduire l'œuvre telle qu'elle est sortie de la plume du curé Picansel qui fut en partie témoin de la vie du Béat et en a recueilli le récit aux sources les plus autorisées. Les seules additions que nous y avons faites ont consisté en quelques notes marginales (1) *ou explications. Nous l'avons en outre fait suivre d'une notice généalogique résumée des ancêtres du Béat d'une part et des descendants innombrables de ses frères et sœurs d'autre part* (2).

(1) Ces notes marginales ayant été transformées par l'éditeur en divisions du texte, nous les avons maintenues ainsi.

(2) Louis Chomel eut deux frères et trois sœurs mariés, Jean, Théodore, Madeleine, Catherine et Marianne et d'eux descendent les Chomel d'Annonay, Lyon, Toulon, Fourmies, Dijon, et autres lieux, des Dufaure de Citres, de Lagrevol, de Glo-de-Besse, Giraud, Mignot, Nicod, Blanchard, de Montgolfier, Luquet de Saint-Germain, Rosny, Roux, Messié, Ribes, Richard du Montellier, Parizet, Pouly, Gillier, Didot, de L'Hermuzière, Hoppenot, Neyrand, Maitre, de Goy, Beylier, Béchetoille, Frachon, Durieu, Rostaing, Seguin, Niboyet, Bonnet, Borione, Boissonnet, Aynard, Roux, Trucy, Lacaze, Dumalle, Gayme, Desgrand, Rimaud, Moret de Nion, Montagnier, Berthaud, Faure-Biguet, Margot, Sauzet, Frécon, de Colonjon, Franc, Riboud, Rerolle, Lavirotte, Schwich, Fargeon, Gaillard, Saint-Olive, Cottin, Guérin, Duhamel, Bégule, Gignoux, Mouterde, Bethnod, Eymard, Brun, Isaac, Balaÿ, de Clavières, Sèneclause, de Canson, Defrance, Darmancier, de Prandières, Demoustier, Mangini, Bérard, Gallavardin, de Warren, Monnot, Fraisse, de la Roche, Durieu, Mayoussier, Marze, Olagne, Chevalier, de Mans, Balledier, Falconnet, Saleon-Terras, Pascal, etc.

Nous remercions les personnes qui ont bien voulu nous aider dans l'établissement de nos notices généalogiques et nous prions, si nous avons commis quelques erreurs ou omissions, qu'on veuille bien nous excuser à raison de l'étendue de ce travail.

Louis Chomel né le 7 janvier 1697, douze ans après la révocation de l'Édit de Nantes, de parents protestants, fut élevé par sa mère dans l'hostilité contre les catholiques ; son éducation se fit au collège des Cordeliers tenu par les religieux de cet ordre et il raconte lui-même qu'on ne put l'obliger à assister aux offices de la Messe, ce qui prouve que, même en ce temps de dragonnades, l'Église et les religieux respectaient la liberté de conscience.

Sa conversion toute spontanée eut lieu vers 1713 à Nîmes où il avait été placé à l'âge de quinze ans dans la famille protestante d'un Procureur pour s'y former à l'étude du droit, et se préparer à succéder à son père dans la fonction de notaire royal.

Après sa conversion, ayant manifesté le désir de se consacrer à Dieu, il fut envoyé à Paris le 14 décembre 1714 et admis au collège d'Autun pour y étudier la philosophie et la théologie. Il y séjourna jusqu'au 29 juin 1718, soit trois ans et demi, s'y livrant à l'étude et à la mortification. On peut se demander s'il n'y subit pas inconsciemment l'influence janséniste qui le porta à se reconnaître indigne de recevoir la prêtrise et fut la source des scrupules que retrace son biographe. Du moins ses scrupules, produit d'une grande humilité, ne le tinrent jamais éloigné du sacrement de l'Eucharistie. Sa religion fut toute d'amour : amour de Dieu et amour du prochain.

Sa vie tout entière fut consacrée à l'exercice de la charité envers les pauvres, et, pour y satisfaire, il se fit pauvre lui-même et mendiant pour les autres. Sa générosité et son abnégation furent un contraste absolu avec la philanthropie fort à la mode de son temps et qui fit éclore dans presque toute la France ces Maisons ou Sociétés de philanthropie déclamatoire trop tôt suivie des sanglantes tragédies révolutionnaires.

*L'idéologie, qui fut si funeste à la France du XVIII*e *siècle, fut celle d'une philanthropie humanitaire qui attira dans le sein de la franc-maçonnerie princes et religieux. A Annonay même, en 1789, la loge maçonnique* « la Vraie Vertu » *comprenait neuf ecclésiastiques* (1). *Aujourd'hui l'idéologie à la mode, même chez des catholiques dirigeants, est l'internationalisme et la paix universelle dans la démocratie; puisse-t-elle ne pas*

(1) Rostaing. *Les Montgolfiers*, p. 130.

produire pour la France des désastres et des ruines plus irréparables encore que ceux qu'enfanta la Révolution.

Louis Chomel n'était ni philanthrope ni internationaliste; il était charitable comme le bon samaritain de l'Évangile. Il aimait et secourait l'indigent quel qu'il fût, et la charité n'excluait en lui ni l'amour pour la grande et la petite patrie, ni la tendresse pour les siens, ni la fidélité aux traditions. Sans ostentation et sans discours il aimait Dieu et le Roi, l'Église et son prochain, le passé et l'avenir des siens. Il fut un saint modeste et pratique. C'est à ce titre que nous aimons à en perpétuer la mémoire et les exemples auprès de ceux qui tiennent de son sang.

7 mars 1927.

B. Chomel.

Préface de la 1re Édition par M. Léorat de Picansel

Si j'écrivais l'histoire d'un homme qui eut allié de grandes qualités et de grands défauts, de grandes vertus et de grandes faiblesses, il serait plus prudent, sans douté, d'attendre que le temps eut effacé la mémoire des ombres qui auraient pu ternir l'éclat de sa vie, ou que la mort eut imposé un silence éternel à la jalousie ou à la médisance de ses contemporains : mais telle a été la conduite de l'homme vertueux dont je présente la vie au public, que je regarde au contraire comme infiniment avantageux pour sa gloire, de l'écrire pendant que le souvenir de ses vertus est encore récent dans tous les esprits, et que plusieurs de ceux avec qui il a eu des liaisons particulières vivent encore.

Peut-être s'étonnera-t-on que j'ose ainsi publier une vie, où l'on ne voit aucun de ces grands événements qu'enfantent les passions, et dont le récit amuse et intéresse la curiosité, une vie où tout est si simple et si uniforme ; mais afin de me servir ici de la réflexion que fait M. Chomel lui-même, en commençant la vie de M. le chanoine Gourdan, qu'il a composée, et de ses mêmes termes : « Sont-ce les actions éclatantes qui forment les saints, ou la perfection des vertus « qui servent d'âme à leur conduite? Souvent dans un genre « de vie obscure et très bornée, on trouve la perfection la « plus éminente ; il est vrai que c'est là ce qu'on appelle « une vie commune; mais cette vie commune, de la manière « qu'il l'a pratiquée, est-elle bien commune? Est-il bien ordinaire de trouver des chrétiens qui remplissent exactement « leurs devoirs? C'est là la grande merveille : cette vie commune n'est-elle pas la voie droite par laquelle Dieu conduit « ses élus? hé ! que faut-il davantage pour se rendre agréable « à ses yeux, que d'éviter le mal et faire le bien? »

Ainsi, si la curiosité profane ne trouve pas ici de quoi se satisfaire, la solide piété y trouvera de quoi s'édifier ; et nous lui fournirons, dans ce pieux serviteur de Dieu, un modèle de perfection d'autant plus héroïque et touchant, qu'il s'est montré dans un siècle où toute vertu semble avoir dégénéré (1). De tels hommes sont si précieux et si rares, que l'on ne saurait trop les faire connaître. Hé quoi ! l'on se plaira à conserver la mémoire des hommes célèbres par le génie et par les talents ! Les exploits guerriers, les découvertes importantes dans les sciences et dans les arts, ne manqueront jamais d'historiens et de panégyristes ! et la vertu sublime, et la solide piété ne jouiront pas du même privilège ? On élèverait des trophées à la mémoire de je ne sais quels héros qui ont été au moins inutiles à l'humanité, et l'on foulerait avec une dédaigneuse ingratitude la cendre des citoyens bienfaisants et vertueux ?

Les faux philosophes du siècle veulent être exaltés par toutes les bouches, comme les bienfaiteurs du genre humain, qu'ils ont, à les entendre, instruit et éclairé. Qu'ils nous répondent ici : oseront-ils mettre en parallèle ces prétendus avantages, qu'ils ont apportés au monde, avec ceux que lui ont procurés, et que lui procurent tous les jours ces chrétiens fidèles aux maximes de l'Évangile, doux, humbles, pacifiques, qui, ennemis de cette générosité fastueuse, qui cherche les applaudissements, et que l'on voit s'éteindre et disparaître dès qu'elle n'est plus soutenue des regards publics, voient dans tous les hommes d'autres eux-mêmes, et se font un devoir sacré de pourvoir à tous leurs besoins et de les consoler dans tous leurs maux. Lequel de ces philosophes tant vantés a imaginé des institutions aussi nécessaires, aussi avantageuses à l'humanité qu'un Charles Borromée, qu'un Vincent de Paul ? N'est-ce pas à des âmes pieuses, et non à tous ces grands génies, que la capitale de ce royaume est redevable des établissements qui l'honorent davantage, et qui ont été imités avec le plus d'empressement par les étrangers ? L'idée en a-t-elle été puisée dans leurs écoles ou dans l'Évangile ?

Et pour me renfermer dans le sujet que je traite, est-il aucun de ces esprits (car de la capitale ils se sont répandus dans les provinces, c'est une contagion qui a tout infecté de son souffle empoisonneur), est-il aucun de ces esprits

---

(1) Combien plus cette réflexion s'applique à notre époque (B. C).

forts qui vivent à Annonay, qui ait rendu autant de services, qui ait été aussi utile aux hommes, qui y ait essuyé tant de larmes, soulagé tant d'indigents que l'a fait M. Chomel? Les maximes de leur philosophie leur inspireront-elles jamais une charité aussi généreuse, aussi compatissante, aussi universelle que celle de ce pieux personnage?

Qu'ils cessent donc de nous vanter leur humanité et leur bienfaisance, et de publier que les lumières qu'ils ont apportées aux hommes, et les leçons qu'ils leur ont faites, les ont rendu plus sensibles et plus compatissants. Avec tout leur esprit, tous leurs talents, ils ne prêcheront jamais rien à ce sujet que l'Évangile ne le prêche mille fois plus éloquemment, et ils n'ajouteront à ces touchants préceptes aucune nouvelle maxime qui soit plus sainte, plus parfaite, plus propre à faire le bonheur de l'homme, et à le porter à contribuer efficacement au soulagement et à la consolation des malheureux. Jésus-Christ a pourvu à tout dans cet ouvrage divin, et de manière à ne laisser aucune espérance de pouvoir jamais rien dire ou enseigner de plus grand et de plus sublime (1).

Laissons-les donc raisonner à leur fantaisie ; plaignons leur aveuglement ; croyons et pratiquons la doctrine de Jésus-Christ qu'ils ont l'audace de combattre ; alors notre conduite, comme celle de M. Chomel, deviendra la plus belle réfutation de tous leurs vains sophismes.

Des faits que je rappelle et qui composent sa vie, les uns se sont passés sous les yeux de deux de ses sœurs, Mme Fournat et Mme Duret. Je les tiens d'elles-mêmes ou d'ailleurs sur leur rapport. J'aurai lieu de faire connaître le témoignage étendu et circonstancié que l'une d'elles m'a rendu à cet égard. Toutes les deux ont fait le bonheur et on été l'exemple des familles où elles sont entrées. Leur sincérité, leur candeur, leur humilité, leur piété donnent à leur témoignage une autorité qui prévient le doute et dissipe l'incertitude. La vérité

---

(1) L'auteur fait sans doute allusion dans ces paragraphes à la Société de philanthropie qui venait de se fonder à Annonay et dans laquelle figuraient la plupart des membres de la Société annonéenne d'alors (voir le *Journal d'Annonay*, novembre 1876, article de M. d'Albigny).

de plusieurs m'a été attestée ou confirmée par ses neveux et par M. Desfrançois, curé d'Annonay, son dernier confesseur. Indépendamment de ce dont j'ai été témoin, j'ai recueilli les autres faits dans ses lettres, ses mémoires et ses papiers que j'ai fouillés avec la plus grande attention. M. Chomel de Jarnieu, son neveu, qui en est le dépositaire, et qui conserve soigneusement un trésor si précieux, me les a communiqués avec empressement. J'ai poussé sur tous ces points les recherches aussi loin que je l'ai pu, afin de ne rien avancer dont je ne fusse assuré. Je ne crois pas que les habitants d'Annonay m'accusent ni de mensonge ni d'exagération, et qu'ils méconnaissent, à ce que je dirai, le caractère de cet homme, vraiment selon le cœur de Dieu, qu'ils ont tant admiré et respecté pendant qu'il vivait.

Les auteurs se dépeignent eux-mêmes, sans y penser, dans leurs compositions, et peut-être même, M. Chomel plus que les autres. Ainsi on ne doit pas regarder comme des épisodes inutiles, les analyses que je ferai de ses écrits, qui vraisemblablement ne seront jamais imprimés. Elles n'interrompront le récit de sa vie, que pour faire mieux connaître ses sentiments et l'esprit dont il était animé.

C'est à sa prière que je fis l'éloge historique de Mlle Gourdan ; les instances réitérées de sa famille, le vœu de tous les gens de bien d'Annonay, le dirai-je? la profonde vénération que j'ai pour sa mémoire, m'engagent aujourd'hui à publier le sien. C'est une curiosité ordinaire à tous les hommes de rechercher la vie de ceux qu'ils ont admirés et respectés, et une satisfaction pour eux de pouvoir la tirer de l'oubli.

Nous nous étions proposés, un ami et moi, de faire imprimer, à frais communs, cette vie de M. Chomel ; mais une de ses sœurs, Mme Duret, ses neveux et nièces, petits-neveux et petites nièces, ont absolument voulu en faire seuls la dépense, et qu'elle se vendît au profit des pauvres. Empressement, résolution qui font autant l'éloge de la charité et de la piété des neveux, que de l'oncle, qui avait su leur inspirer ses sentiments, et qui s'était acquis à si juste titre leur respect et leur amour ! Ainsi les pauvres se ressentiront, encore longtemps après la mort de M. Chomel, des effets de sa bienfaisance et de son humanité à leur égard.

Quel que soit le jugement que porteront de ce petit ouvrage les personnes de goût, j'aurai rempli mon objet, si je puis inspirer à des lecteurs chrétiens, non pas une admiration stérile de cet homme juste, mais un désir sincère et accompagné d'efforts et de courage, d'imiter les vertus qui l'ont élevé à un si haut degré de perfection sur la terre.

Vie
de
Monsieur Louis Chomel

Sa naissance. Sa conversion.

Les protestants de la ville d'Annonay, à l'occasion de la révocation de l'Édit de Nantes (1), rentraient en foule dans le sein de l'Église ; soit que cet heureux retour fut réel dans les uns, soit qu'il ne fut dans les autres que l'effet de la crainte et de la violence, la Providence, par une de ces dispositions où sa sagesse se manifeste visiblement, fit naître, à cette époque, dans cette ville, plusieurs pieux personnages (2), vrais modèles de la sainteté chrétienne, et d'autant plus propres à affermir la foi des nouveaux convertis, et à inspirer, à ceux qui ne l'étaient pas encore, la généreuse résolution de renoncer à leurs erreurs, que plusieurs d'entre eux avaient eu le malheur de naître au milieu de ces ténèbres.

---

(1) En 1685.

(2) Le P. Léorat, M. le chanoine Gourdan, Mlle Gourdan, etc. Le P. Léorat naquit à Annonay l'an 1671, de parents protestants ; il fut élevé dans cette religion, et ne se convertit qu'après ses études. Il embrassa l'Ordre conventuel des religieux de Saint-François, où il se distingua par la régularité la plus exacte à pratiquer tous les articles de la règle ; il passa par toutes les charges de cet Ordre, et se fit également respecter dans toutes ; il procura la conversion de plusieurs protestants ; il a fait contre eux différents ouvrages qui ont paru depuis sa mort sous le nom du sieur Vernet, Genevois, qui était son intime ami, et qui les a dédiés au Clergé de France ; le P. Léorat mourut à Annonay en odeur de sainteté le 29 avril 1747.

Joseph-Pierre Gourdan, prêtre et chanoine de l'église collégiale de Notre-Dame d'Annonay, où il était né, mort en odeur de sainteté dans cette ville le 21 mai 1760, âgé de quarante-sept ans. Son amour pour les pauvres, son goût pour la prière, à quoi il consacra presque toute sa vie, lui acquirent, comme à un saint, le respect de cette ville.

Louis Chomel, dont j'écris l'histoire, était de ce nombre. Il naquit à Annonay, le 7 janvier 1697, de Louis Chomel, notaire, et de Magdeleine Chomel de Romanet. Son père, protestant jusqu'à la révocation de l'Édit de Nantes, ne s'était converti que pour pouvoir exercer sa charge. Sa mère, persévéra dans l'erreur jusqu'à la maladie dont elle mourut : abusant de la malheureuse liberté que lui laissait un époux trop facile, d'élever ses enfants dans la religion prétendue réformée, elle eut grand soin de leur suggérer à tous le zèle dont elle était remplie pour cette communion, et de les entretenir dans tous les préjugés qu'elle avait reçus elle-même dans son enfance, sans les avoir soumis à un examen réfléchi dans l'âge de la raison.

Ainsi Louis Chomel, qui était son aîné, suça l'erreur avec le lait. On ne manqua pas, selon l'usage de la secte, de lui insinuer beaucoup d'éloignement pour la religion catholique, par les calomnies dont on la noircissait, et il recevait avec d'autant plus de docilité ces funestes leçons, qu'elles lui étaient données par une mère qu'il croyait également incapable de tromper et de pouvoir être trompée, femme pleine de vertu, à qui rien ne manquait que de connaître la vérité.

Le premier devoir des pères dans l'ordre de la nature, et dans celui de la religion, est d'élever leurs enfants pour en faire des citoyens utiles et des hommes vertueux. Dès que le jeune Chomel fut en âge de recevoir les premières leçons des lettres, son père qui voulait qu'il succédât à sa charge et à ses biens, le fit étudier au collège des Cordeliers d'Annonay (1). Il était né avec les plus heureuses dispositions, un

(1) Le collège des Cordeliers, situé à Annonay sur la place encore dénommée *des Cordeliers*, fut fondé en 1223 ; il fut le premier que les religieux de saint François d'Assise possédèrent en deça des Alpes. Saint Antoine de Padoue, qui fut pendant deux ans gardien du couvent du Puy, visita souvent le couvent d'Annonay, et ce fut lui qui en bénit solennellement l'église, l'an 1228. Saint Bonaventure y vint aussi. (Histoire d'Annonay, par l'abbé Filhol, II. p. 60.)

Les Cordeliers ouvrirent en 1641 un collège qui fonctionna jusqu'à la Révolution. Réouvert en 1802, le collège fonctionna dans les mêmes bâtiments jusqu'en 1867, sous la direction des Basiliens ; son développement avait été grandement favorisé par M. Laurent Giraud, maire d'Annonay de 1823 à 1830 et, en reconnaissance, les petits-enfants de M. Giraud jouissaient au collège de la faveur exceptionnelle de sortir

génie pénétrant, un jugement solide, une mémoire heureuse, une application infatigable à l'étude ; aussi fit-il les plus grands progrès : à quinze ans il eut fini sa rhétorique.

Il fallait le former à la connaissance et à la pratique du barreau. On le mit chez un Procureur à Nismes. Ignorant encore la perfection à laquelle le Ciel l'appelait, sans autre dessein que d'embrasser l'état de son père ; qu'il était éloigné de penser que Dieu l'attendait là, comme autrefois Augustin à Milan, pour en faire d'un vase de colère un vase d'élection, et le rendre, d'ennemi déclaré qu'il était de la foi, un de ses plus zélés prosélytes ! Mais écoutons-le lui-même raconter les miséricordes du Seigneur sur son âme, dans un ouvrage qu'il adressait de Paris à son père, qu'il intitule : Motifs d'attachement à la religion catholique, apostolique et romaine, dont il ne nous reste que le préambule, que l'on ne peut lire sans être touché de la ferveur et de l'onction qui animaient ce pieux jeune homme.

« Lorsque je me suis converti, dit-il à son père, et que Dieu « a opéré en moi ce grand changement, ce n'a pas été après « un long et sérieux examen de l'une et de l'autre doctrine. « Je ne les connaissais pas assez dans ce temps-là pour en « examiner les fondements, et décider par mes faibles lumières « quelle était la véritable : à l'âge de quinze ans où j'étais « alors, je n'en étais pas capable. Je ne craindrai donc point « de l'avouer ici ; lorsque j'ai quitté la religion prétendue « réformée dans laquelle j'ai été élevé, j'ai cru ce que je ne « connaissais pas encore assez, j'ai eu simplement la foi, « laquelle, comme parle l'Apôtre, n'est que la preuve des

---

au Jour de l'An, faveur qui prit fin en 1860, lorsque le Supérieur, M. Actorie, introduisit le système des sorties mensuelles, puis des vacances du Jour de l'An et de Pâques, qui depuis se sont grandement développées dans tous les établissements d'éducation.

En 1867, les Basiliens quittèrent les bâtiments des Cordeliers pour installer leur collège à Saint-Denis dans les bâtiments et domaine acquis par eux des dames du Sacré-Cœur, et la ville d'Annonay prit possession des bâtiments et de l'église des Cordeliers ; et chose profondément regrettable pour la chrétienne population d'Annonay, la chapelle où tant d'Annonéens avaient fait leur première communion fut, en 1883, transformée en théâtre municipal par décision du conseil municipal d'alors, présidé par le maire Franki-Kramer, protestant sectaire.

B. C.

« choses qu'on voit point. Ce n'a pas été la lecture de quel- « ques livres catholiques, qui m'a fait alors prendre l'envie « de faire ce que j'ai fait ; je n'en avais lu auparavant, que de « ceux qui pouvaient m'en éloigner ; et lorsque je considère « les dispositions où j'ai été jusqu'au moment heureux où « Dieu m'a inspiré ce dessein, j'admire de plus en plus son « ineffable bonté, qui a su rompre tous les obstacles qui sem- « blaient m'en détourner ; vous savez vous-même avec quelle « opiniâtreté j'avais été attaché jusque-là à la religion pré- « tendue réformée, combien je témoignais d'aversion pour « la religion catholique dans mes jeunes ans. Pendant tout « le temps que j'ai été au collège chez les Cordeliers d'Anno- « nay, aucun Régent n'a pu obliger à me confesser, même exté- « rieurement ; et lorsqu'on a voulu me forcer à entendre « la messe, j'ai protesté hardiment contre ceux qui voulaient « m'y contraindre, que je ne m'y résoudrais jamais ; et j'ai « mieux aimé être chassé du collège et abandonner mes études « que d'assister à la messe. En un mot, j'étais zélé pour la « religion prétendue réformée, comme saint Paul pour la « religion des Juifs, et certainement il n'a pas tenu à moi « de persécuter avec autant de fureur les catholiques, que « l'apôtre persécuta les premiers chrétiens, avant que la grâce « de Jésus-Christ l'éclairât. S'il avait été en mon pouvoir je « n'aurais laissé personne en paix qu'il n'eut quitté la reli- « gion catholique, contre laquelle je n'avais que des senti- « ments de haine ; et, ces sentiments injustes, je les avais « puisés dans certains livres de controverse que j'avais lus « dans mon premier âge. Or, comme je ne trouvais dans ces « livres, pour la plupart, que des calomnies contre l'Église « catholique, et que je me figurais qu'elle était véritablement « telle qu'elle y était dépeinte, je me fortifiais de plus en plus « dans l'aveugle aversion que j'en avais conçue.

« Tels étaient mes sentiments : l'on ne pouvait pas être plus « éloigné de se convertir, lorsque Dieu m'y appela ; il fallut « qu'il m'éclairât, qu'il détruisît tous mes préjugés dans un « temps où je ne pensais pas même à lui demander ses « lumières. J'ai dû rendre ce témoignage à la vérité et à la « miséricorde de mon Dieu, en avouant que je me suis con- « verti sans beaucoup de connaissances humaines, et que ce

« n'est pas par la prudence, ni par la science des hommes « que j'ai fait cette grande action ; mais que c'est Dieu lui-« même qui m'y a conduit visiblement et comme par la main, « tout rebelle que j'avais été auparavant. C'est ainsi que « se passa la chose.

« Vous m'envoyâtes à Nismes pour me former dans le « barreau. La personne chez laquelle vous me plaçâtes fai-« sait profession de la religion prétendue réformée. Dieu me « fit la grâce d'y trouver un jeune homme de la religion « catholique, qui y était pour le même dessein que moi. Je « fus touché de la piété de ce jeune homme, qui me lia avec « d'autres jeunes gens du même caractère que lui : ici j'ad-« mire la bonté de Dieu, qui n'a pas permis que je fréquen-« tasse d'autres personnes qui m'auraient égaré. En effet, « la jeunesse était très corrompue dans cette ville. Il était « fort dangereux pour moi de m'y perdre, puisque le mau-« vais exemple m'aurait entraîné aisément au vice, auquel je « n'avais déjà par moi-même que trop de penchant. Mais « Dieu eut pitié de moi et me préserva de ce danger, en me « faisant faire connaissance avec ces jeunes gens, qui ne me « donnèrent jamais que de bons exemples et de bons conseils. « Or, cette conduite si sage, et cette piété si sincère que « je voyais en eux, firent une grande impression sur moi ; je « commençais à ne plus croire si mauvaise cette religion à « laquelle je les voyais si régulièrement attachés ; je n'osais « plus la condamner ; je devenais au contraire tous les jours « plus disposé à écouter les raisons qu'ils m'apportaient pour « me la faire embrasser. Enfin Dieu qui s'était servi de ce « moyen pour me tirer de l'erreur, forma en moi le dessein « de changer de religion. Il me donna le désir de la foi. Je « crus que je devais me soumettre entièrement à ce que m'en-« seignait l'Église. Par là je bannis tous les doutes de mon « esprit, et je lui procurai une pleine tranquillité ; je pris « la résolution de chercher quelque homme habile et éclairé, « qui m'instruisit des vérités catholiques, et qui me con-« duisît dans une action si importante ; Je ne connaissais, « personne à Nismes à qui je pus m'adresser ; j'entrai dans « une église, dans la vue de déclarer mon dessein au premier « que j'y trouverais ; il n'y avait pas beaucoup de prudence

« dans cette conduite ; mais Dieu, que je reconnais avoir « tout opéré dans cette affaire, me fit la grâce que je m'allai « adresser à la personne, peut-être la plus propre à mon des- « sein, qu'il y eut dans cette ville : c'était un saint religieux, « de ceux qu'on y avait envoyé pour travailler à la réunion « et à l'instruction des nouveaux convertis ; il me témoigna « également être étonné et rempli de joie de cette occasion « que Dieu lui envoyait, et il bénit sa miséricorde, qui, dans « le temps qu'il était occupé à courir après des brebis égarées « pour les ramener au bercail, lui en envoyait une pleine de « docilité. Il m'ordonna donc de le venir voir souvent, afin « de m'enseigner les dogmes de sa foi catholique. Dieu me fit « cette grâce de croire ce qu'il m'enseigna sans aucun doute « et avec une entière soumission. Mais quoique ma conver- « sion à la foi fut entière et sans exception, quant à la per- « suasion intérieure, j'eus cependant la lâcheté pendant « quelques jours de n'oser pas la faire paraître au dehors ; je « craignais les reproches des personnes chez qui je demeu- « rais, et d'un protestant que je connaissais dans cette ville. « Mais enfin je reconnus la nécessité essentielle où j'étais de « confesser hardiment devant les hommes la vraie foi de « Jésus-Christ, et, qu'en matière de religion, ce n'est pas assez « de croire intérieurement, si on ne montre sa foi par ses « œuvres, comme parle l'Apôtre. Je me résolus donc de me « soumettre entièrement à la Providence et à la protection « du Seigneur, espérant qu'il voudrait bien conserver en moi « ce qu'il avait commencé. Je comptais aussi beaucoup sur « la bonté que vous aviez toujours montrée pour moi, et « certainement je ne fus pas trompé dans mon attente.

« Dieu m'attira à lui, et il me donna un attrait singulier « pour les pratiques de la religion catholique ; en sorte que « je m'y plaisais extrêmement, et j'y trouvais une paix et « une consolation extraordinaires. Voulant me ramener dans « le sein de l'Église, son épouse, il me nourrissait première- « ment de ce lait de douceur et de consolation, parce que je « n'étais pas capable de viandes solides, comme parle l'Apôtre « aux Corinthiens. »

C'est ainsi que M. Chomel s'explique sur les motifs de sa conversion. On voit dans ce récit toute la suite des voies de

Dieu pour ramener une âme égarée, un cœur susceptible de toutes les impressions de la grâce, la grâce qui le poursuit et qui se sert des armes les plus puissantes contre lui pour triompher de sa résistance, la paix qui succède au trouble, en un mot, cette heureuse tranquillité, qui est un avant-goût de celle dont on jouit dans le Ciel.

Il fit publiquement son abjuration à Nismes. La nouvelle en fut reçue diversement dans sa famille ; son père ni ne l'approuva ni ne le blâma ; mais sa mère en fut vivement affligée, et le condamna hautement. Dieu le dédommageait de l'injustice des hommes ; il ne borna pas à cette première grâce ses faveurs à son égard ; il l'éclaira encore sur le néant et la vanité du monde : docile au mouvement intérieur qui le guidait, il se proposa d'y renoncer entièrement, et de se consacrer absolument dans l'état ecclésiastique au service de Dieu et au salut du prochain.

C'était confondre tous les projets qu'avait formés son père pour son avancement dans le siècle. Mais si le Ciel l'appelait, devait-il écouter le cri du sang? N'obéirait-il à Dieu que lorsque les hommes y consentiraient? Son père qui avait tant d'autres enfants à qui laisser sa charge et son héritage, pouvait-il s'opposer raisonnablement à l'exécution de son dessein? Mais ces interversions dans l'ordre de la nature, ces substitutions des autres enfants aux aînés, fut-ce d'un Jacob à un Esaü, coûtent toujours au cœur d'un Père. Elles sont bien plus pénibles, cependant, lorsqu'il faut faire remplacer par un second fils un premier qui a toutes les qualités de l'esprit et du cœur, et la conduite la plus régulière. L'on comprend combien celui-ci, avec aussi peu de foi, et qui avait été si indifférent à la conversion de son fils qu'il chérissait, dut répugner à cette vocation. Il fallut, malgré soi, y consentir. Le jeune Chomel quitta alors la ville de Nismes ; il allait entrer dans une nouvelle carrière ; il fallait s'appliquer à de nouvelles études. Il fut décidé qu'il irait faire sa philosophie et sa théologie dans les écoles de l'Université de la capitale, les plus célèbres de la France, et peut-être de l'Univers.

Dans l'intervalle qui s'écoula depuis son retour de Nismes jusqu'à son départ pour Paris, il donna à Annonay le spectacle de toutes les vertus qu'il devait porter dans la suite à un si haut degré, la fuite des amusements les plus innocents même, l'assiduité à la prière et à tous les offices de l'Église, la mortification la plus austère et une patience incroyable à supporter tous les reproches que sa mère et sa grand'mère ne cessaient de lui faire sur sa conversion. Sa mère cependant ne put s'empêcher d'être édifiée de sa conduite et d'admirer le grand changement qui s'était opéré en lui ; et telle était l'opinion que l'on conçut de sa vertu dans la ville, que les pères le proposaient sans cesse pour exemple à leurs enfants, soit lorsqu'ils les corrigeaient, ou qu'ils les exhortaient à la piété.

Son séjour à Paris.

Il avait près de dix-huit ans lorsqu'il partit pour Paris ; il y arriva le 14 décembre de l'année 1714. Ni le désir d'un repos nécessaire après la fatigue d'un si long voyage, ni l'empressement, encore plus vif à l'âge où il était, de parcourir les promenades, de visiter tous les chefs-d'œuvre de l'art, que cette superbe capitale offre à la curiosité, ne le séduisirent. Le lendemain de son arrivée, il se fit inscrire au collège de la Marche et y commença sa philosophie ; et quelque temps après il se prépara, par le recueillement, la prière et la retraite, à la confirmation et à la tonsure qu'il reçut ensemble ; mais avec quelle ferveur ! des mains de M. de Trudaine, évêque de Senlis.

Par un choix bien digne de ceux qui le faisaient, il fut nommé à une bourse du collège d'Autun, fondé à Paris par le cardinal Bertrand, pour les enfants d'Annonay. Établissement utile ! Depuis près de six siècles qu'il existe, à combien de jeunes gens de cette ville n'a-t-il pas fourni le moyen de s'instruire dans les sciences? Quels évêques que les Monchal et les autres qui en sont sortis ! Quelle multitude de saints et savants ministres des autels n'a-t-il pas donnés à l'Église? Que de personnes d'un rare mérite n'a-t-il pas produits? Si le cardinal Bertrand revivait et avec lui tous ceux qui, ayant étudié dans son collège, lui ont été redevables de leur état dans le monde, qu'ils parussent tous à sa suite avec ceux qui vivent encore, quelle gloire pour ce grand homme de se voir environné d'un si nombreux cortège, et, on ose le dire, d'un cortège si bien choisi !

Bien différent de la plupart des gens qui, dans le temps même qu'ils éprouvent le plus les avantages du bien qu'on leur a fait, oublient si facilement la main généreuse dont ils l'ont reçu, M. Chomel conserva toujours la plus vive reconnaissance pour la mémoire du cardinal, bienfaiteur de sa patrie (1). Il ne laissait passer aucune occasion d'exalter sa charité, de publier ses vertus, et de rendre son souvenir cher et précieux. Il s'intéressa aussi toujours vivement au sort du collège d'Autun, et à tous les différents changements qui lui sont arrivés de son vivant. Il faisait les vœux les plus ardents pour que ces révolutions conservassent à sa patrie cette pépinière de sujets utiles. On trouve la preuve de ces sentiments dans les annales de la ville d'Annonay, qu'il a composées, et dont nous aurons occasion de parler ailleurs (2).

L'on voit, par les lettres qu'il écrivit de Paris à son père, et que l'on conserve encore dans sa famille, qu'il fut singulièrement frappé de la beauté des édifices, de la grandeur et de la nombreuse population de cette capitale. Chaque instant lui montrait des choses nouvelles ; tout l'étonnait, tout l'intéressait, comme un enfant, dont les organes encore tendres sont vivement frappés par les moindres objets : autant ses yeux étaient interdits à la vue de ses merveilles, autant son esprit était flatté de cette multitude d'excellents maîtres dans toutes les sciences, que l'on rencontre dans cette ville plus qu'ailleurs ; il sut en profiter. Avare en quelque sorte de son temps, les moments que lui laissait l'étude de la philosophie, au lieu de les perdre dans l'oisiveté, ou dans les plaisirs si séduisants, mais si dangereux, que présente à

---

(1) Le portrait en grand du cardinal Bertrand, donné à la ville d'Annonay par M. Chabert, docteur-médecin, connu par son zèle patriotique, a été placé dans l'endroit principal de la salle de ses assemblées ; il a péri dans l'incendie de 1926.

(2) Le collège d'Autun, si apprécié et si utile pour l'éducation et l'instruction des jeunes gens d'Annonay, fut supprimé par la Révolution et n'a été remplacé par aucun établissement similaire. B. C.

une jeunesse avide d'amusements et sans expérience cette capitale, il les donnait à l'étude de l'histoire, de l'éloquence et de l'Écriture sainte. Il assistait à la plupart des leçons que l'on faisait au Collège Royal, et aux différentes conférences qu'il y avait sur l'Écriture sainte à Paris. Ce changement d'occupations était le seul délassement qu'il prenait de l'application qu'il donnait à la philosophie. « Tout cela, « disait-il, ne lui donnait point de peine, parce qu'il n'y avait « qu'à écouter. »

Après les deux ans de philosophie, il étudia en théologie sous M. Robbe, qui dictait cette année le traité de l'Incarnation, et sous M. Tourneli, qui donnait celui de l'Ordre. Touché du désir d'avancer et de se rendre utile, voulant acquérir une profonde connaissance de la religion, il se livra, sous d'aussi habiles maîtres, avec la plus grande application, à l'étude de cette science. « Il y a quelque temps que j'ai com« mencé à étudier la théologie, écrivait-il à son père, c'est-à« dire la science de la religion, de l'Écriture sainte et des « saints Pères. Les sciences, auxquelles je me suis appliqué « jusqu'ici, n'ont été que pour un temps et pour me préparer « à celle-ci : maintenant que j'y suis entré, Dieu merci, c'est « pour m'y appliquer le reste de mes jours, puisque ce sera « toujours ma profession ; outre que rien n'est plus conforme « à l'inclination que j'ai de nourrir mon âme de la connais« sance de la religion et de me mettre en état d'en pouvoir « faire part aux autres. »

Sans prévention, sans entêtement, ne cherchant qu'à s'instruire, plus il avançait dans l'étude de la théologie, plus il reconnaissait la vérité de la religion catholique. Avec quel effroi il contemplait alors l'abîme auquel il venait d'échapper ! Quelle satisfaction, au milieu de la vive lumière qui l'éclairait, d'être sorti des ténèbres de l'erreur ! Quelle reconnaissance il en témoignait à son Dieu ! « Que ne puis-je, ô mon père, « marquait-il dans une autre lettre à son père, vous expli« quer ici combien Dieu m'a confirmé dans la foi catholique « et m'y confirme tous les jours, et combien j'ai de sujet, « chaque jour, de bénir sa miséricorde, lorsqu'en étudiant les « dogmes de la foi, j'ai la consolation de reconnaître dans « l'histoire de l'Église des premiers siècles, dans les Conciles

« et dans les écrits des saints Pères, que je professe la même « foi que cette vénérable antiquité a professée. »

Ainsi sa foi prenait tous les jours de plus grands accroissements : et de tous les sentiments qui l'ont animé, celui auquel il a donné plus librement l'essor dans tous les temps de sa vie, a été la gratitude, qu'il ne cessait de témoigner à son Dieu, de l'avoir ainsi fait passer de l'erreur à la connaissance de la vérité.

Bien loin aussi que ses études, comme il arrive quelquefois, lui desséchassent le cœur et ôtassent à sa piété cette ferveur sans laquelle il est si difficile qu'elle puisse se soutenir longtemps, elle s'enflammait de jour en jour, et il faisait encore plus de progrès dans la vertu, qu'il n'en faisait dans les sciences où il se distinguait. Fidèle à la promesse qu'il avait faite à son Dieu, en entrant dans l'état ecclésiastique, qu'il serait seul son partage et l'héritage qu'il attendait, il s'affermissait, chaque jour, davantage dans le détachement du monde et de lui-même. Il est facile de s'en apercevoir dans les lettres qui restent de lui. Au commencement de son arrivée à Paris, il paraît instruit de toutes les nouvelles et être empressé à les apprendre ; dans les suites, il s'excuse sur les plaintes qu'on lui faisait de ce qu'il n'en donnait plus, qu'il n'en manquait pas, mais qu'il ne les savait point. Une affaire, la seule nécessaire, l'occupait et le distraisait de toute autre ; bientôt il ne connut presque plus de Paris que le collège d'Autun, où il demeurait, les écoles de Sorbonne où il allait en classe, l'église de Saint-André-des-Arts, sa paroisse, et quelques autres églises de la ville.

Retiré dans sa chambre, constamment appliqué au travail, ou à la prière, son unique plaisir était de converser, à certains moments, sur des objets de piété, ou sur le sujet des études communes, avec ses jeunes compatriotes, qui demeuraient au même collège ; les traitant avec une sorte de respect, n'employant jamais à leur égard ces familiarités puériles, si ordinaires, et quelquefois si dangereuses entre les jeunes gens ; évitant aussi de leur parler jamais d'un ton de censure qui irrite, et que l'on ne prend jamais plus que quand on est soi-même plus répréhensible ; doux, honnête, prévenant, il avait gagné leur confiance : ils le consultaient, ils le croyaient, ils le respectaient, ils l'aimaient. Ils ne se consolèrent de son départ de Paris, que par l'espoir de son prochain retour, et ils ne cessaient de le presser de les venir rejoindre. Il avait, de son côté, les mêmes sentiments pour eux. Dans l'éloignement où ils vivaient de leurs familles, il leur tenait lieu, à la plupart, de père, et il en avait presque adopté la tendresse. Il entretenait parmi eux l'amitié, l'union, l'attachement à leurs proches et à leur pays, dont il leur rappelait souvent le souvenir. Ses peines n'étaient pas infructueuses ; il retirait sa plus douce consolation de ses soins. « Nous vivons comme des frères, écrivait-il à Annonay, et cela me fait le plus grand plaisir. »

Dans le nombre des justes que Dieu s'était réservé au milieu de la corruption de la capitale, était un pieux personnage (1), à la sainteté duquel il avait donné le plus grand éclat, malgré son attention à se cacher. Par la pratique des conseils évangéliques, s'élevant au plus haut degré de la perfection chrétienne, son extérieur pénitent et mortifié, sa persévérance dans la prière touchaient tous les cœurs. Sa vertu connue était généralement révérée. L'enfant-roi lui-même (2) avait réclamé le secours de ses prières, et avait voulu recevoir sa bénédiction. Ce saint religieux était originaire de la famille des Gourdan d'Annonay, qui, après avoir produit une foule de saints, s'est éteinte, comme si elle eut été épuisée par cette merveilleuse fécondité, et qu'elle eut fourni au Ciel toute sa tâche. Ce que M. Chomel apprit de ses vertus en arrivant à Paris, redoubla l'envie qu'il avait de le connaître. Mais le Saint ne se communiquait pas facilement ; il n'était pas aisé de percer dans le lieu de sa retraite. M. Chomel l'essaya plusieurs fois ; mais, soit timidité, soit respect, toujours inutilement. Moins il réussissait, plus il désirait de réussir. Il se rendait assidûment à Saint-Victor. S'il ne pouvait ni l'approcher, ni le joindre, il pouvait au moins le voir à l'autel, à l'église, et sa présence l'édifiait.

Un jour il aperçut un concours de gens qui entraient et sortaient de la sacristie. On lui dit que c'était des personnes

(1) Le P. Gourdan, chanoine de Saint-Victor, à Paris.

(2) Louis XV, dans sa jeunesse, vint se recommander à ses prières et recevoir sa bénédiction.

pieuses, ou affligées, qui venaient se recommander aux prières du P. Gourdan, qui allait dire la messe. Cette fois il devint plus hardi, et se crut mieux autorisé que personne à lui demander cette grâce. Le P. Gourdan à qui Dieu avait donné le discernement des âmes, le dénicha dans la foule, et le pria de le venir voir dans sa chambre après la messe. C'est tout ce qu'il désirait. Il passa plus de demi-heure avec ce saint prêtre. Il l'entretint de sa famille d'Annonay, combien elle était édifiante ; mais il l'entretint bien plus encore des misères de son âme. Il eut la consolation de répéter souvent ces entretiens avec lui pendant son séjour dans la capitale. Le P. Gourdan, touché de sa vertu, lui donna ses ouvrages, comme un témoignage de l'amitié qu'il lui portait, et s'intéressa toujours à son sort (1).

Tous ceux qui venaient de Paris à Annonay, ne se lassaient pas de faire à son père l'éloge de son application et de son goût pour le travail, et surtout de sa grande piété. Son père, afin de ne pas s'en rapporter entièrement à des témoignages vagues, souvent peu exacts, que l'on rend quelquefois sans connaissance de cause et indifféremment aux tièdes comme aux diligents, aux mauvais comme aux bons, ou plutôt parce qu'il aimait à les entendre répéter, et que n'ayant aucun doute sur la régularité de ses deux fils (2), c'était une satisfaction pour lui, que leurs vertus, qui faisaient sa gloire et son bonheur, fussent connues de tout le monde, son père, dis-je, pria un de ses amis qui faisait son séjour ordinaire à Paris, et qui était venu passer quelque temps à Andance, dans sa famille, de faire des informations sur la conduite de ses deux fils et de vouloir bien lui en envoyer le résultat. Voici la réponse que lui fit M. Crousas : « Je n'ai pas manqué, comme je vous « l'avais promis, Monsieur, d'aller au collège d'Autun voir « vos enfants, et m'informer de leur conduite ; et sur le récit « qui m'en a été fait par tous ceux de qui ils sont connus,

(1) Peu de temps après son départ de Paris, M. Demeure lui écrivait, du 25 janvier 1719 : « J'ai été voir le P. Gourdan, de qui j'ai obtenu une lettre pour recommander votre frère à M. Chomel. Le P. Gourdan m'a demandé de vos nouvelles, et m'a paru s'intéresser vivement à ce qui vous regarde. »

(2) Il avait envoyé à Paris son troisième fils Théodore. B. C.

« je puis vous assurer, sans flatterie, qu'ils sont les plus sages « de tous les écoliers de Paris, et qu'ils n'ont d'autre atta- « chement que pour l'étude ; surtout l'aîné, qui, par sa trop « grande application tant à l'étude qu'à la piété, a contracté « une espèce de maladie de langueur, avec une douleur de « tête continuelle... Il est fort maigre. Il serait à propos que « vous lui écrivissiez de se donner un peu de relâche ; car il « est à craindre que cette maladie ne le mène bientôt au tom- « beau. Vous pouvez faire fond sur ce que je vous marque, je « n'augmente ni ne diminue.... »

En effet, de fréquentes veilles, un travail excessif, des mortifications outrées, de longs jeûnes avaient entièrement épuisé sa complexion, déjà si faible et si délicate, et qui aurait demandé beaucoup de ménagements. On ne vit jamais une si grande maigreur. Un de ses parents, qui le rencontra, fut si fort effrayé de son état, qu'il l'écrivit à son père et lui confirma dans les termes plus forts ce que M. Crousas lui avait déjà marqué.

Son père, qui ne pouvait rien apprendre qui l'affligea davantage, commença d'abord par lui représenter « qu'une « trop grande application à l'étude pouvait lui causer de « grands maux ; qu'il souhaitait qu'il y apportât un peu de « modération, ce qui lui était aisé, en prenant quelques « moments de récréation par jour ; que s'il croyait pouvoir « aspirer à toute la sainteté et à toute la science du siècle, « c'était une folle présomption ; qu'il jugeât de son inquiétude, « quand il remarquait que par sa conduite indiscrète il « s'allait jeter dans la phtisie... ». Il ajoutait : «Souvenez-vous « que vous êtes chétif, et faites quelques efforts pour ceux « qui vous exhortent, ayant droit de vous commander. »

L'on pense bien que sa mère ne garda pas le silence dans cette occasion. Voici la lettre qu'elle lui écrivit de son côté : « Au nom de Dieu, mon cher fils, ménagez votre santé, si « vous voulez faire plaisir à une mère qui ne pense jamais « à vous sans attendrissement. L'on m'a dit que vous ne « buviez que de l'eau, vous pouvez bien user du vin avec « sobriété, sans que Dieu en soit offensé. Ne faites pas de si « longs jeûnes, comme vous aviez accoutumé de faire ici, cela « vous jetterait dans quelque maladie de langueur : vous

« n'êtes pas déjà si robuste, et Dieu n'exige pas tout cela de « vous. Tenez-vous plus gai que vous ne faites, ne fuyez pas « si austèrement les plaisirs ; il en est d'honnêtes, que vous « pouvez prendre avec des jeunes gens de votre âge dont vous « connaîtrez la sagesse. »

Notre saint jeune homme fut touché jusqu'au fond du cœur de ces lettres, parce qu'elles lui donnaient la preuve la plus sensible de l'amitié de ses parents ; mais comme il était le seul à ne pas s'apercevoir qu'il dépérissait, tant il avait peu d'attention à ce qui se passait en lui, par rapport à sa santé, il les regarda comme l'effet d'une tendresse facile à s'alarmer et qui avait ajouté foi légèrement à quelque récit infidèle ou exagéré. Il se plaignit « que son parent, M. Lambert, « avait trop consulté son affection pour eux et pour lui, et « que c'était ce qui lui avait fait passer la juste mesure ; « que s'il le voyait jamais, il ne pourrait pas s'empêcher « de lui en faire des reproches ; que sa santé n'était pas « en si mauvais état qu'il le leur avait dit, qu'elle était « bonne et qu'il pouvait les assurer qu'il en prenait un soin « raisonnable ».

Les suites cependant ne prouvèrent que trop combien leurs alarmes étaient fondées. Les maux augmentaient de jour en jour. Il ne lui fut plus possible de dissimuler, ni à lui-même, ni aux siens, qui lui demandaient dans toutes leurs lettres, des nouvelles de sa santé, qu'elle était dans un mauvais état, et que les douleurs de tête, qu'il souffrait habituellement, étaient très violentes. C'est ce qui lui occasiona cette autre lettre de son père, où il n'emploie plus tant le ton de la tendresse que celui de l'autorité, et où il cherche à lui donner des scrupules sur sa vie trop mortifiée.

« J'apprends avec douleur votre maladie et surtout que « votre conduite trop austère en est la principale cause. Il « est temps que je vous prescrive une règle pour votre nour- « riture et pour vos études ; pour le premier, comme je « vous l'ai marqué autrefois, je vous ordonne de prendre un « peu de vin; pour le second, que vous n'étudiez pas plus de « quatre heures par jour. Pour la gloire de Dieu, votre salut « et la satisfaction de vos parents, vous devez ménager vos « forces. C'est pécher mortellement, que d'être homicide de

« soi-même ; et c'est être homicide, que de n'avoir pas une « règle pour la conservation de sa vie. Une dévotion outrée « est plus suspecte qu'une conduite sans affectation. Pensez « à ce que je vous dis, ce sont des ordres que vous devez « suivre... »

Dans la même lettre, le P. du Soulage, Jésuite, qui avait été son confesseur à Annonay, et en qui il paraissait avoir de la confiance, lui écrivit quelques lignes « pour l'exhorter à se ménager mieux, à dormir au moins sept à huit heures et à n'oublier pas qu'une juste médiocrité fut toujours le caractère de la véritable vertu ».

Une plus longue résistance, après de pareils ordres, aurait été une obstination coupable. Il sacrifia donc à l'obéissance qu'il devait à ses parents, le goût qu'il avait pour la mortification et les souffrances; il abandonna toutes ses austérités ; il reprit l'usage du vin, auquel il avait absolument renoncé, quoiqu'il y eut été accoutumé dès son enfance. Il se nourrit mieux ; il diminua ses études trop longues, et il suspendit ses jeûnes et ses veilles ; il chercha à se dissiper. Ces adoucissements venaient trop tard ; son mal, trop invétéré, fut rebelle à tous les ménagements ; ses douleurs de tête continuaient et le rendaient incapable d'aucune occupation sérieuse.

Son retour à Annonay.

Ses amis lui conseillaient de s'en retourner dans le sein de sa famille, se persuadant que le changement d'air, cette ressource si commune après l'inutilité des remèdes, et la sollicitude maternelle, qui ne se supplée point, opéreraient peut-être la guérison. Ses parents l'y incitaient vivement. Enfin, après beaucoup de délais, tantôt craignant de les constituer en frais, tantôt se flattant que sa santé pourrait se rétablir, et toujours trompé dans son espoir, il se détermina à quitter Paris pour quelques temps, et il en partit pour Annonay par le coche d'Auxerre, le 29 juin de l'année 1718. Il arriva le douzième jour après son départ.

Le jeune Tobie ne fut pas reçu avec plus de joie et d'empressement après son absence, dans la maison paternelle, que M. Chomel ne le fut d'un père et d'une mère, dont il était tendrement aimé, et qui attendaient son retour avec l'impatience que causait un éloignement de plusieurs années. Il était leur fils aîné. Il y avait près de quatre ans qu'ils ne l'avaient pas vu. Il s'était conduit dans cette absence avec une régularité de mœurs, dont tout le monde leur faisait l'éloge. Combien ils furent attendris en le voyant exténué, pâle, défait, d'un extrême abattement, et souffrant habituellement des douleurs violentes ! Rien ne fut épargné pour son rétablissement. On ne lui permit plus aucune application sérieuse à l'étude. On aurait bien voulu lui faire abandonner, au moins pour un temps, la plupart de ses pratiques de piété ; mais on en fut empêché, par la crainte que la violence, qu'il aurait été obligé de se faire, ne nuisît plus à sa santé, que l'attention qu'il y apportait. On chercha à le distraire et à le dissiper : il parut se remettre.

A peine apperçut-il quelque léger changement dans son état, qu'il reprit en secret toutes ses anciennes austérités, dont une fâcheuse expérience, et la faiblesse de son tempérament, auraient dû, ce semble, le dissuader, au moins pour quelque temps. Il multiplia les jeûnes ; il ne se nourrissait que de mauvais aliments, comme des pommes de terre qu'il mangeait non seulement sans assaisonnement, mais souvent crues. Heureusement ces pieuses imprudences n'échappèrent pas longtemps, à l'œil attentif d'une mère tendre ; elle lui défendit absolument cette manière de vivre ; et ne le perdant plus de vue, elle veilla désormais sur lui avec tant de soin, qu'il ne put plus faire, ou que très difficilement, de dangereux essais dans ce genre.

Que la Providence est admirable dans les moyens qu'elle emploie pour disposer les événements à l'exécution de ses desseins ! Si elle appelle Joseph à être le libérateur de ses frères et le sauveur de l'Égypte, c'est la honte de l'esclavage, ce sont les liens de la captivité qui l'élèvent à cette gloire : Elle veut que M. Chomel ne quitte plus sa patrie, qui a besoin de grands exemples et de grandes consolations. Des souffrances habituelles, en paraissant le rendre incapable de tout, prévenant en lui, ou lui ôtant le désir de s'éloigner de sa ville, ne lui laisseront que le pouvoir de lui donner le spectacle des plus rares vertus, et d'être le consolateur de ses malheureux et le père de ses pauvres.

Ces premières lueurs de santé ne furent pas de longue durée. Tous les anciens maux revinrent et, par leur opiniâtreté, lui ôtèrent pour toujours l'espoir de retourner à Paris, pour y reprendre le cours de ses études. Cependant, il avait acquis assez de science et de perfection pour pouvoir aspirer aux Ordres et à la prêtrise. Lui seul ne se rendait pas cette justice : plus il réfléchissait sur la grandeur et l'excellence de ce ministère, à qui Dieu a confié le sang de son Fils et les fonctions divines de sa médiation, de sa rédemption et de son sacerdoce, plus il se persuadait qu'avec autant de penchant au mal qu'il en avait, autant de défauts, de péchés, de misères, et de faiblesse, son intrusion dans le sanctuaire serait de sa part une témérité audacieuse, et qui mériterait toutes les punitions du Ciel. Il résolut donc de ne se présenter jamais aux Ordres, et de se bannir pour toujours du lieu saint, dont les portes formidables ne doivent s'ouvrir qu'à l'innocence et à la sainteté.

Il renonce à la prêtrise, à un canonicat et à l'héritage paternel.

Il ne put pas même cacher longtemps son nouveau dessein. Son mérite avait fait dans les esprits l'impression qu'y fait toujours une piété fervente, lorsqu'elle est réunie avec une profonde humilité et une charité sincère pour le prochain. Afin de fixer irrévocablement son sort et de procurer à l'Église d'Annonay un ministre qui en ferait l'édification et l'ornement, on offrit à son père pour lui un Canonicat dans cette Église avec quelques Chapelles, qui formeraient un revenu suffisant pour son entretien et sa subsistance. Ces offres furent reçues du père avec tous les témoignages de la joie et de la reconnaissance : mais il n'avait pas consulté son fils. Eh ! quelle ne fut pas sa surprise, lorsqu'il lui en parla, de lui entendre dire « que jamais il n'accepterait de Bénéfices ; « que n'ayant rendu aucun service à l'Église, il ne devait « pas en avoir des récompenses ; que ces Bénéfices avaient

« d'ailleurs des charges, et que dans l'intime persuasion où il « était qu'il ne pourrait jamais les remplir comme il faut, il « ne pouvait pas, en sûreté de conscience, les accepter, et « aller occuper la place et le revenu d'un ouvrier fidèle, qui « serait plus propre à travailler utilement dans la vigne du « Seigneur ; qu'il le prévenait même que son parti était pris, « que jamais il ne consentirait à s'engager plus avant dans « un état aussi élevé et qui demandait une perfection et des « vertus qu'il n'osait se flatter d'acquérir ».

Son père espéra d'abord qu'on pourrait le faire revenir de cette idée. Il y employa lui-même les sollicitations les plus vives et même les prières les plus tendres, attaquant son cœur par l'endroit le plus propre à l'ébranler. Il lui fit aussi parler par les personnes de la ville qui, réunissant à une piété solide des lumières connues, avaient tout ce qui était capable de leur acquérir une grande autorité sur son esprit. On lui disait « qu'à ne consulter que nos forces, personne ne saurait être digne d'être élevé à un si grand ministère. Eh ! qu'était-ce que l'homme, même le plus parfait, pour remplir d'aussi saintes fonctions ! mais que Dieu connaissait toute notre faiblesse et voulait bien y suppléer par la grâce ; que, lorsque Jésus-Christ appela les Apôtres, il s'en fallait de beaucoup que ce fussent des hommes parfaits ; que l'on apercevait dans le goût qu'il avait pour la retraite, pour la prière et les saintes fonctions de l'église, ainsi que dans sa charité pour secourir les pauvres et consoler les malheureux, les marques les plus essentielles à une vocation légitime ».

Il répondit « que, si on le connaissait bien, on ne lui donnerait pas de pareils conseils : comment on osait le comparer avec les Apôtres? que, s'il paraissait qu'ils n'étaient pas exempts de faiblesse lorsque Jésus-Christ les appela, il paraissait aussi qu'ils n'étaient pas de grands pécheurs ; qu'avec une vie pleine d'irrégularité et d'inconstance, comme la sienne, un cœur aussi vicieux, il ne devait penser qu'à vivre dans l'obscurité, qu'à faire pénitence et à pleurer ses péchés dans l'état de simple fidèle ; que c'était là sa place, et non pas de venir mettre, en recevant le caractère sacré, le comble à toutes ses autres iniquités ».

On revint plusieurs fois à la charge. Il passa un évêque

très respectable, dans ces circonstances, à Annonay, qui lui parla de la manière la plus forte : tout fut inutile. Lui toujours jusque-là si subordonné à ses parents, était devenu comme un rocher, que les flots heurtent de toutes parts sans l'ébranler. On eut toujours la même réponse. Et il paraissait si pénétré de son indignité, que l'on ne pouvait s'empêcher d'admirer en lui cette profonde humilité, qui, dans le temps où il pratiquait les plus héroïques vertus et qu'il était déjà l'édification de toute la ville, lui persuadait qu'il était le plus grand de tous les pécheurs, et le plus méprisable de tous les hommes.

Afin même de n'être plus exposé à l'avenir à soutenir de pareils assauts, il quitta entièrement l'habit ecclésiastique qu'il avait porté jusqu'à ce jour, et qu'il croyait d'ailleurs déshonorer par sa conduite et par ses péchés.

A ce changement d'habit, la colère de son père éclata contre lui. A ne consulter que la prudence humaine, on ne saurait blâmer le mécontentement que devait lui donner une résolution aussi irrévocablement déterminée. Il avait sept enfants (1) ; il ne pouvait leur laisser qu'une très médiocre fortune ; n'était-il pas naturel de désirer de leur voir remplir une place honorable, qui leur assura une situation douce, commode, dans le sein de leur famille, et à leur famille un appui certain, un secours assuré, un refuge, un consolateur, un ami de tous : aussi la tendresse, qu'il avait eue jusqu'ici pour lui parut se changer en haine. Il ne le regardait plus qu'avec une espèce d'indignation ; il entrait quelquefois contre lui dans de grandes vivacités et lui faisait les reproches les plus accablants. Loin de chercher à se dérober à l'orage et de se mettre à couvert, lorsque son père ainsi animé, lui parlait avec tant d'emportement, notre saint jeune homme s'en approchait, en se découvrant, l'écoutait humblement, toujours tête nue, et le corps un peu incliné dans la posture du plus profond respect, et, ou il ne lui répondait rien, ou il s'excusait toujours sur son indignité.

Son père paraissait à certains moments se radoucir : il lui proposait d'entrer au moins dans le Barreau, et qu'il le

(1) Louis Chomel, père du Béat, avait eu dix enfants dont trois morts en bas âge. B. C.

ferait son héritier. Mais l'activité avec laquelle il voulait suivre les traces d'un Dieu sauveur, ne lui permettait pas de s'embarrasser d'un fardeau, qui aurait pu rendre sa course moins légère. Ainsi, inaccessible à toute autre impression qu'à celle de la grâce, il ne refusait pas avec moins de fermeté des offres si séduisantes ; il prétendait qu'il était aussi incapable de réussir dans cet état et d'en remplir les devoirs ; il le conjurait de ne jamais penser à lui pour le faire son héritier ; qu'il renonçait à tous ses droits ; qu'il demandait seulement qu'on le nourrit dans la maison par charité, que c'était plus qu'il ne méritait ; et jamais, pendant plus de deux ans que durèrent les reproches de son père, qui les renouvelait plusieurs fois la semaine, et souvent plusieurs fois le jour, jamais il ne diminua rien de sa manière respectueuse de l'écouter et de lui répondre ; jamais il laissa apercevoir aucun signe de mécontentement, pas une parole qui échappe aisément même aux personnes mortifiées, et qui annonçât en lui de l'ennui et de l'humeur ou quelque indisposition secrète.

Tant de douceur, de patience et d'humilité désarmèrent la colère de son Père. Il lui rendit sa première amitié ; il ne l'inquiéta plus sur son état ; il se félicita même d'avoir un fils si saint, si vertueux, et il lui assura, dans son testament, par une pension modique, mais proportionnée à ses besoins, une subsistance honnête dans le sein de sa famille.

Jamais peut-être victoire n'a donné lieu à de plus violents combats. Rien en effet de plus opposé au caractère de M. Chomel, qu'une résistance aussi absolue à la volonté de ses parents: et il fallait qu'il fut bien convaincu qu'ici elle était contraire à celle du Ciel, pour ne pas se rendre à leurs sollicitations, qui paraissaient d'ailleurs si raisonnables. Dans toute autre circonstance, enfant toujours soumis, il prévenait même leur volonté, et n'opposait à leurs ordres ni délai, ni raisonnement, ni tous ces vains prétextes, dont ne se servent que trop souvent de jeunes gens, ennemis de toute contrainte et de toute subordination pour les éluder.

N'oubliant jamais qu'il tenait d'eux la naissance, et reconnaissant, comme il le devait, d'un aussi grand bienfait, il avait encore sans cesse présent à l'esprit tout le bien qu'il en recevait : il en exagérait le prix ; il trouvait que l'on faisait trop pour lui. La reconnaissance est la vertu des saints encore plus que des autres hommes, et il n'est point au monde de meilleurs cœurs, que ceux que la religion a formés. Pendant son séjour à Paris, son père le blâmait de porter trop loin la crainte de le constituer en dépenses ; il fallait que l'on devinât ses besoins. « Vous me marquez, répondit-il à son père, « que vous êtes dans le dessein de me faire habiller, ce ne sera « pas sans nécessité ; car je vous avoue que je ne puis plus « porter mes habits, tant ils sont en mauvais état. »

Son respect et son amour pour ses parents.

Il n'est guère possible de porter plus loin qu'il le faisait, l'amour tendre et respectueux que nous devons à ceux de qui nous avons reçu la vie et à nos autres proches, et d'être plus exact qu'il l'était à tous les devoirs que les liaisons du sang exigent de nous. Tous ceux qui lui appartenaient lui étaient chers ; il les visitait assidûment lorsqu'ils étaient en santé, et tous les jours lorsqu'ils étaient malades.

Il prenait un vif intérêt à leur sort. On a trouvé dans ses papiers un registre exact, écrit de sa main, des naissances et des morts de ses frères et sœurs, neveux et nièces. Après avoir nommé l'enfant, le père et la mère, le parrain et la marraine, il forme un souhait pieux et différent à chaque article : s'ils meurent dans leur bas âge, il en remercie le Seigneur ; si c'est dans l'âge de raison, il implore pour eux son infinie miséricorde. On voit qu'il les aimait tous tendrement, comme il en était tendrement aimé.

C'est le désir de la gloire, c'est l'ambition d'ajouter à la considération dont on jouit, celle dont jouirent ses ancêtres, qui multiplie le plus la vanité des généalogies. Motif vain et frivole ! comme si, en nous transmettant leur sang, nos pères nous transmettaient leurs vertus (1). Si pour nous

(1) Si nos pères ne nous transmettent pas leurs vertus, ils nous transmettent des exemples et des traditions qui nous poussent à imiter leurs vertus ; c'est pourquoi le culte des ancêtres n'est pas seulement vanité (B. C.).

humilier, on nous rappelle les forfaits de quelques-uns de ceux dont nous descendons, qui ont couvert leur mémoire d'un opprobre éternel, nous nous consolons de l'injustice de ces reproches, par la conviction où nous sommes, que les fautes sont personnelles. Mais les vertus ne le sont-elles pas autant, et même ne recevons-nous pas plus facilement de nos pères les inclinations qui portent au mal, que celles qui portent au bien ! Et les méchants n'ont-ils pas plus communément que les bons des enfants qui leur ressemblent? Eh ! qu'ajoute à notre mérite personnel, que fait pour notre gloire une noblesse, une vertu qui nous est si étrangère, lors surtout que nous en dégénérons?

De pareils motifs n'influèrent jamais sur les sentiments de M. Chomel. Il serait la preuve, si l'Écriture ne nous l'avait déjà donnée, que ce n'est pas toujours l'orgueil, mais souvent les raisons les plus louables, qui ont produit les généalogies.

Différents éclaircissements qui lui furent demandés par MM. Chomel de Paris, l'obligèrent à faire des recherches sur l'origine de sa famille. Par son ancienneté dans la ville d'Annonay, et la division, subdivision et multiplicité de ses branches, cette famille est alliée à la plus grande partie des maisons honnêtes de cette ville ; et, comme on le pense bien, de tant d'alliances, à des gens, quoiqu'en petit nombre, fort obscurs. Loin de chercher à les omettre, comme il arrive assez communément, il les a tous nommés. Cela entrait dans son plan ; car il ne voulait pas ennorgueillir ses parents, mais les unir plus étroitement ensemble, et il se flattait qu'en rapprochant toutes ces alliances dans un arbre généalogique, les liens du sang connus resserreraient les nœuds de la bienveillance et de la charité ; et que les personnes de sa famille, en voyant dans la plupart de leurs concitoyens autant de proches, seraient plus disposés à compatir à leurs infirmités et à leur faiblesse, à les consoler dans leurs peines, à les soulager dans leurs besoins, à les aimer, enfin, à remplir à leur égard tous ces grands devoirs dont l'Évangile nous inspire le sentiment, nous fournit le modèle, nous recommande et nous facilite la pratique.

Au bas de l'arbre généalogique et dans toute sa circonférence, on lit ce qui suit, écrit de sa main : « Qu'il est beau,

« qu'il est agréable de voir des frères vivre ensemble ! Je, « Louis Chomel, en cette année 1751, ai tracé cette table « généalogique, dans le désir de voir prendre accroissement « à cette affection, amitié et bienveillance entre parents que « la nature inspire, les lois civiles autorisent, et que la religion « chrétienne perfectionne. Jésus-Christ notre divin modèle, « nous ayant assuré que le grand et nouveau commande- « ment qu'il nous a apporté du Ciel, est que nous nous « aimions les uns les autres et qu'à l'accomplissement de « cette loi pleine de douceur, on connaîtra que nous sommes « ses vrais disciples. Suivant ce divin modèle, je vous dirai, « mes très chers frères et sœurs, neveux et nièces, et autres « parents, je n'ai ni or ni argent à vous laisser; mais ce que « j'ai, je vous le donne, c'est mon cœur : quoique je l'ose « offrir tout entier à Dieu, sa divine bonté me permet bien « de vous y conserver une place mais uniquement par rap- « port à lui ; je puis bien dire avec saint Paul, que sans « relâche je me souviens de vous dans mes prières auprès « de Dieu... »

Il fait ensuite un recueil des passages les plus touchants de l'Écriture sainte et des saints Pères, pour les porter à la pratique des vertus chrétiennes ; il les parcourt toutes. A l'article de la Foi, il fait sa profession de foi à la sainte Église Romaine, et au sujet de cette généalogie, il remarque que tant d'aïeux qui y sont nommés, tous à l'exception des derniers, sont morts dans le sein de l'Église, et il dit ensuite, avec une sainte fierté, aux protestants, comme Tertulien le disait aux Marcionites : « Vous n'étiez pas hier. »

Incapable par son inexpérience et le détachement du monde où il avait toujours vécu, de rendre à ses proches aucun service dans leurs affaires domestiques, il ne négligeait rien pour procurer leur salut.

L'éternité étant l'unique objet de ses désirs, occupant tous les mouvements de son cœur, il demandait avec bien plus d'ardeur pour eux les biens du Ciel que ceux de la terre. S'il n'était pas entièrement indifférent à leurs avantages temporels, il était bien plus affecté des grâces qu'il recevait dans l'ordre du salut. « Je vous remercie, écrivait-il en 1727 à M. Demeure, Proviseur du collège d'Autun, je vous remercie

« de votre attention au sujet du mariage de mon frère ; j'ai « cette espérance qu'il aura trouvé dans votre parenté celle « que je lui souhaite, c'est-à-dire, une personne vraiment « chrétienne (1). Mais j'ai eu encore un bien plus grand sujet « de joie dans ma famille, par l'heureuse conversion de ma « sœur Fournat, la seule de mes sœurs qui restait à se ranger « dans le sein de l'Église. »

A peine ce flambeau divin que Dieu nous donna pour nous guider, la raison commençait-elle à jeter dans l'âme de ses neveux quelques faibles étincelles, qu'il leur apprenait à en consacrer les prémices à leur Créateur, en leur faisant rendre leur premier hommage à sa grandeur infinie, et les premières marques de leur reconnaissance à ses miséricordes. Deux des demoiselles de son frère de Jarnieu, entrèrent dans la Congrégation des Sœurs de Saint-Maur, une troisième dans l'Ordre de Sainte-Claire, les austères de Montbrison, et deux fils dans celui des Recollets. De ses autres neveux, un se fit Jésuite, un autre Chartreux, un autre Ecclésiastique, et enfin une petite nièce Religieuse de Notre-Dame à Annonay (2).

Il était ordinairement le premier confident de leur généreux dessein. Quelle était alors la joie de son cœur de les voir résolus à sortir du monde, à abandonner pour toujours cette vaste mer, où règnent d'éternels orages, couverte de personnes qui se noyent, et qui entraînent souvent avec elles ceux qui les veulent sauver, pour se retirer dans un port, où, à l'abri de la tempête, ils trouveraient encore tant de soutien

---

(1) Il s'agit du mariage de son frère, Jean Chomel de Jarnieu, qui eut lieu en 1727 avec Marianne Veyre. (B. C.)

(2) Jean Chomel de Jarnieu, frère de Béat, eut dix-neuf enfants dont cinq furent religieux : 1° Marie-Madeleine, religieuse de Saint-Maur ; 2° Catherine, religieuse du même ordre ; 3° Claude, Recollet à Annonay ; 4° André-Siméon, Recollet à Privas ; 5° Marie-Anne, Clarisse à Montbrison.

Théodore Chomel autre frère du Béat eut deux fils jésuites : Jean-Antoine et Joseph-Théodore.

Catherine Chomel épouse Duret, sœur du Béat, eut une fille religieuse Ursuline de Boulieu, et un fils prêtre, Jacques-Vincent Duret.

Jeanne Chomel, autre sœur du Béat, fut religieuse de Notre-Dame-d'Annonay.

Enfin sa sœur Marianne, mariée à Pascal de Romans eut un fils Chartreux (B. C.).

à leur faiblesse, tant de sûreté pour leur innocence, tant de facilité pour tous leurs devoirs, tant de remèdes pour tous leurs maux. Sans vouloir les décider en faveur d'un Ordre religieux plutôt qu'en faveur d'un autre, il les exhortait à chercher dans la prière assez de lumière pour connaître l'état où Dieu les appelait et assez de courage pour l'embrasser.

Et lorsque leur dessein commençait à être connu, il conjurait tout le monde de ne pas les en détourner, disant que l'on ne saurait croire combien un bon prêtre, un bon religieux attirent de bénédictions sur toute une famille. Il avait eu lui-même plusieurs fois l'envie de s'ensevelir dans le cloître, comme si, sans avoir renoncé par un vœu solennel au monde et à tout ce qu'il y a de sensible et de périssable, il n'eut pas vécu uniquement pour son Dieu, et dans le détachement le plus absolu. Mais les infirmités dont il était affligé, formèrent toujours un obstacle insurmontable à ses désirs : il conserva toute sa vie sa plus profonde vénération pour l'état religieux.

Quand quelqu'un de ses neveux était irrévocablement engagé par la profession dans cet état, « en voilà un au moins, « disait-il, qui n'aura plus d'autre emploi que celui des anges, « et sur les prières duquel nous pourrons compter ». Et il ne manquait jamais dans les lettres qu'il leur écrivait, de leur rappeler l'obligation qu'il y avait pour eux, de prier pour leurs parents. « Puisque vous êtes si heureuse, ma très chère « nièce (ce sont ses termes dans une de ses lettres à une de ses nièces, Madeleine, sœur de Saint-Maur), « il est de votre « devoir de n'oublier pas dans votre bonheur vos très chers « parents, et d'adresser à Dieu des vœux continuels, pour « qu'il répande sur eux ses grâces les plus abondantes, et « surtout les spirituelles. Ils sont à la vérité le sujet d'un « sacrifice que vous devez faire de plus en plus, mais cepen- « dant en Jésus-Christ ; ils doivent être dans votre cœur, et « vous devez représenter à Dieu toutes leurs nécessités ; et « comme les miennes sont réellement plus grandes que celles « de personne, je conjure votre charité de me continuer vos « prières, et de me procurer celles de vos compagnes. Je suis « en l'union du Sacré Cœur de Notre-Seigneur Jésus-Christ, etc».

Et à sa nièce, religieuse de Sainte-Claire, à Montbrison : « Tous se portent bien dans notre maison, et attendent beau-

« coup de vos prières. Je vous conjure de ne pas les oublier, « et moi surtout qui en ai besoin plus que personne, mais ne « vous souvenez de nous que pour nous recommander à Dieu : « car autrement, permettez que je vous dise, avec Salomon: « vanité des vanités, tout n'est que vanité ; et encore avec le « Roi prophète : écoutez, ma fille, oubliez votre nation, ne « pensez plus à la maison de votre père. Alors le Roi concevra « de l'amour pour votre beauté, parce qu'il est votre Dieu : « c'est en lui, ma chère nièce et dans l'union du Sacré Cœur « de Notre Seigneur Jésus-Christ et de celui de sa Sainte « Mère, etc. » Il nous a été communiqué plusieurs autres lettres à ses neveux et nièces religieuses ; il n'en est aucune qui ne renferme la même recommandation.

On blame M. Chomel de n'avoir pas voulu accepter les Bénéfices qu'on lui offrait, qui auraient au moins déchargé son frère de sa nourriture et de son entretien : l'on regrette son inutilité pour sa famille. Eh ! l'on ne compte donc pour rien la singulière protection du ciel que ses vertus lui ont méritée. Où trouver cependant d'exemple plus frappant des grâces abondantes qu'un juste attire quelquefois sur sa famille et sur tous ses proches? Il avait trente neveux ou nièces, tous en général assez mal partagés du côté des biens de la fortune ; son frère de Jarnieu, chez qui il demeurait, avait lui seul quatorze enfants (1). Tous ces trente neveux ont été la joie, la couronne, la gloire de leurs pères. Aucun n'a frustré leur espoir ; aucun ne leur a donné du mécontentement ; tous ont embrassé un état conforme à leur condition, et en ont rempli avec distinction les devoirs. Jamais ils n'ont eu entre eux ni contestations ni disputes. Plusieurs ont aujourd'hui des enfants qui annoncent, par leur conduite, devoir donner à leurs pères la même satisfaction, et l'on attribue assez généralement les bénédictions sensibles que le Ciel a versées sur eux, aux prières que leur saint oncle ne cessait de faire en leur faveur, lorsqu'il était sur la terre, et à la protection qu'on croit qu'il leur accorde aujourd'hui dans le ciel. Mais ils n'ont pas éprouvé eux seuls l'effet de son zèle. Ses exemples, ses

---

(1) Sans compter cinq morts en bas âge (B. C.).

humbles exhortations, ses ferventes prières gagnèrent et ramenèrent dans le sein de l'Église sa Mère, ses frères et ses sœurs.

Conversion de ses frères et sœurs, et de sa mère.

Théodore le plus jeune de ses frères, en qui les préjugés n'avaient pu jeter encore de profondes racines, fut sa première conquête : il le convertit avant son départ pour la capitale. Comme il craignait que dans son absence, on ne lui livrât des combats redoutables, par la qualité des ennemis contre lesquels il aurait à lutter, pour l'arracher au continuel danger du séjour, il obtint de son père qu'on le lui envoyât à Paris. Là ses exemples et ses leçons ne l'affermirent pas seulement dans la foi, mais encore dans la piété où il persévéra jusqu'à la fin.

A son retour de Paris son frère Jean, le second fils de la famille, qui le remplaça dans l'héritage de la maison, était à Nîmes et toujours protestant, Il lui écrivit, pour le ramener, une lettre qui peut passer pour un modèle dans ce genre, n'y employant que des preuves simples, sensibles, naturelles, à la portée de tous les esprits ; il met dans un si grand jour la vérité de la foi catholique, qu'à moins de fermer les yeux pour ne pas voir, il est impossible de se refuser à son évidence.

Jean différa cependant de se rendre à sa sollicitation jusqu'à son arrivée à Annonay. Sa conversion ne fut ni moins sincère, ni soutenue par moins de ferveur que celle de Théodore.

Son père à qui il avait adressé tant d'instructions indirectes, commençait enfin à comprendre que l'indifférence d'esprit sur la religion en était l'anéantissement dans le cœur ; et qu'être persuader qu'on peut se sauver partout, c'est être persuadé que l'on peut croire ou ne pas croire, et que l'on n'est obligé à rien. Il parut consentir avec empressement à la demande qu'il lui fit de faire élever dans la religion catholique ses deux sœurs les plus jeunes, dont l'une fut depuis religieuse, et l'autre mariée à M. Pascal de Romans.

Ses succès excitaient sa confiance. Les personnes qui lui étaient peut-être les plus chères, sa mère et ses deux sœurs aînées, mariées à deux négociants d'Annonay, l'une à M. Fournat et l'autre à M. Duret, ne paraissaient ni ébranlées de ces conversions, ni devoir jamais se rendre à ses poursuites. Elles avaient toutes deux de la prudence, du discernement, une conduite très régulière, un excellent cœur ; mais elles avaient aussi l'entêtement, l'opiniâtreté et l'orgueil, qu'ont souvent dans cette communion les personnes de leur sexe. Parce qu'elles avaient lu la Bible et quelques ouvrages de controverse, où elles n'avaient presque rien compris, elles se croyaient bien mieux instruites que ne le sont communément les personnes de leur état dans la religion catholique : elles les regardaient avec des yeux de pitié, et déploraient leur aveugle docilité à croire ce qu'on leur enseignait dans l'Église ; comme si elles-mêmes eussent cru autre chose que ce que leur en avaient enseigné leurs Ministres et les personnes qui avaient présidé à leur éducation. Aussi savantes, à les entendre, que leur frère, quand il voulait leur parler foi, croyance, religion, ou elles le quittaient brusquement, ou elles interrompaient sa conversation, ne paraissant faire aucune attention à ce qu'il disait. Ce mépris ne le rebutait pas ; il ne croyait pas devoir être traité autrement par qui que ce soit. Mais leur aveuglement le pénétrait de la plus vive douleur.

Malgré leur conduite avec lui, elles ne pouvaient s'empêcher de le respecter et de rendre justice à sa vertu. Une d'elle avait son fils malade à l'extrémité, enfant d'autant plus cher qu'il était unique. Les médecins l'avaient abandonné et ne laissaient aucun espoir. Son frère la vint visiter pour la consoler : car quoique zélées protestantes, il n'était pas moins assidu à leur rendre les devoirs de la bienséance et de l'amitié. Eh ! n'étaient-elles pas également ses sœurs? Dans sa douleur et son désespoir ne pouvant s'énoncer, celle-ci se contente de donner de l'argent à son frère, en lui recommandant de prier et de faire prier pour elle et pour la délivrance de son fils. Les prières que les justes adressent au Ciel, sont toujours agréables au Seigneur. Il la quitte aussitôt ; il distribue une partie de cet argent aux pauvres ; il destine le reste à en faire dire des messes ; et sans autre délai, plein de foi, sûr que celui qui donne la vie a le pouvoir de retirer des portes de la mort, il en fait célébrer une par M. Andrau, chanoine de Saint-Ruf, à la chapelle de Notre-Dame-de-Grâce, dans l'église de l'Hôpital ; il la sert lui-même, et il redouble la ferveur de ses prières. Après la messe, il se rend chez sa sœur. D'aussi loin qu'elle l'entend ; courir, voler au devant de lui, et s'écrier : Ah ! mon frère, Fournat est guéri, ne fut pour elle qu'une même chose (1). Il en remercie le Seigneur, et regarde cette guérison inespérée comme le présage de celle de sa sœur, qu'il demandait encore avec bien plus d'instances. Quelque temps après qu'il l'avait quittée, et au moment même que le prêtre lisait à la messe l'évangile où il est dit : Vous ne croyez pas si vous ne voyez des miracles, *nisi signa et prodigia videritis non creditis* (Joan, IV), il s'était opéré dans l'état du malade, une heureuse révolution, qui assurait un prompt et entier rétablissement. Mme Fournat ne put s'empêcher de reconnaître qu'il y avait quelque chose de miraculeux dans la guérison de son fils : elle l'attribua aux prières de son frère ; mais quoiqu'elle en fut très frappée, elle differa encore deux ans sa conversion. Elle fit son abjuration le même jour que son fils avait été guéri. Son frère lui fit remarquer cette cirsconstance. Elle en fut si touchée, qu'elle promit de faire célébrer tous les ans, ce jour-là, une messe, pour remercier Dieu de ces deux signalés bienfaits qu'elle en avait reçus. Son frère ne manquait jamais chaque année, lorsque le terme approchait, de lui rappeler la promesse, et d'assister ensuite avec elle à cette messe.

Mme Duret, sa sœur, s'était convertie longtemps avant Toutes les deux lui turent leur dessein et leur projet de retour; il ne le sut que par la voix publique. On aurait dit qu'en même temps qu'elles ne pouvaient plus en quelque sorte résister à la grâce, et qu'elles se rendaient à ses vives impressions, elles se seraient crues trop humiliées, de reconnaître qu'elles le devaient à leur frère, dont elles avaient si souvent éludé les tendres poursuites, et méprisé avec tant de fierté les salutaires leçons. Tant il est vrai que les grâces les plus extraordinaires ne nous changent pas entièrement, et qu'elles ne guérissent pas d'abord toutes les faiblesse de l'humanité. Mais peu importait à l'homme de Dieu d'en être instruit par elles,

(1) Son fils, Louis Fournat fut plus tard marié à Marie Chomier dont il eut une fille mariée à M. Giraud (B. C.).

ou par d'autres ; ce n'était pas la gloire de la victoire, mais les conversions qu'il ambitionnait. Aussi ne manquait-il pas de les aller féliciter avec autant d'effusion de cœur et d'allégresse, que si elles eussent rempli à son égard les devoirs que son amitié pour elles et les efforts qu'il avait faits pour les ramener, semblaient leur prescrire.

Cet étrange procédé a été bien réparé depuis par la tendresse qu'elles ont toujours eue pour lui, par la confiance qu'elles lui ont montrée, et par les prévenances en tous genres qu'elles lui ont faites, à l'envie l'une de l'autre, jusqu'au moment de sa mort.

O misères de la vie! toujours quelques amertumes se mêlent à nos consolations et en empoisonnent la douceur. Sa mère, la personne du monde de qui il souhaitait le plus de bonheur, persévérait seule dans son attachement à l'erreur. Elle avait plus de cinquante six ans. Les premières impressions de l'enfance qui s'effacent si difficilement, lors surtout que l'on y vieillit, un misérable respect humain, qui lui faisait craindre jusqu'au moindre soupçon de changement et d'inconstance, les éloges que lui prodiguaient les oracles du parti, les liaisons intimes et particulières avec eux, étaient autant d'engagements qui la retenaient dans sa communion et qui faisaient craindre qu'elle n'y renonçât jamais. Notre saint jeune homme, à qui les premières épreuves qu'il avait faites des miséricordes de son Dieu, avait appris jusqu'où devait aller sa confiance, ne doutait presque pas, quoiqu'on put lui dire, qu'elle rentrerait dans le bercail, et que l'opiniâtreté de sa résistance ne servirait qu'à rendre sa conversion plus éclatante.

Il n'est rien qu'il ne fit pour l'y engager. On ne peut rien voir de plus pressant que les lettres qu'il lui écrivait à ce sujet de Paris. Nous en rapporterons une seule, pour en donner quelque idée. Comme ces lettres sont remplies d'onction, et qu'elles m'ont paru très propres à faire connaître le caractère de cet homme selon le cœur de Dieu, je me flatte que mes lecteurs me pardonneront volontiers des citations aussi fréquentes. Elle est datée du 15 décembre 1716 : « Ma très chère mère, « je vous supplie d'être bien persuadée que je pense presque « continuellement à vous, et que je prie souvent le Seigneur « de vous toucher et de vous éclairer de ses lumières, pour

« vous faire entrer dans la véritable Église, qui est la seule où « l'on puisse opérer son salut, parce qu'elle seule est l'arche « de Noé et l'épouse de Jésus-Christ. Il faut espérer que la « divine bonté qui m'a retiré du précipice où j'étais, vous en « retirera aussi. Je suis très assuré qu'en peu de temps vous « en ressentiriez une sainte joie, et que vous rendriez de « continuelles actions de grâces à Dieu. Je vous conjure de ne « pas vous laisser arrêter à quelques petites considérations « humaines. Je vous écris, ma très chère Mère, en pleurant : « je vous en supplie, sauvez votre âme. N'endurcissez plus vos « oreilles à la voix du Seigneur. Ayez égard à mes frères et « sœurs, vos enfants. Je sais que vous pouvez presque tout « avec la grâce de Dieu ; ils sont la plupart maintenant dans « un âge, où les préjugés ne les empêchent pas de recevoir les « bons ou les mauvais principes. Si cela arrivait, ils vous auraient « des obligations mille fois plus grandes que celles qu'ils vous « ont par la nature et par les peines continuelles que vous « avez la bonté de prendre pour moi et pour eux ; et ils vous « reconnaîtraient au dernier jour pour leur véritable mère, « qui les aurait enfantés à l'Église : tout le reste que vous « pourriez faire pour eux serait peu de chose. Eh quoi ! vous « qui êtes si intéressée pour leur bien temporel, ne voudriez- « vous rien faire pour leur salut éternel ! Accomplissez les « ardents désirs d'un fils qui vous aime tendrement. Excusez « la liberté que j'ose prendre ici avec vous. Je vous aime trop « pour pouvoir garder le silence. J'espère tout de la miséri- « corde infinie de mon Dieu. Je suis... »

Quoique sa mère ne lui fît aucune réponse sur cet article, il ne lui écrivait point qu'il ne lui renouvelât la même prière. Il espérait que s'il pouvait être auprès d'elle, maître alors de choisir les moments, et toujours attentif à saisir les circonstances favorables, ses sollicitations auraient plus de succès ; et cet espoir le détermina peut-être, autant que le mauvais état de sa santé, à quitter Paris. On juge assez combien il dut la presser dans plus de dix ans qu'il demeura avec elle jusqu'à sa conversion. Quelquefois, il lui ouvrait son cœur ; il déplorait son malheur ; il la conjurait dans les termes les plus humbles de lui faire part des difficultés qui l'arrêtaient, en l'assurant qu'avec la grâce de Dieu, il les éclaircirait. Il essayait d'entrer en matière, elle ne lui permettait pas de poursuivre : quelquefois, elle-même l'attaquait, lui proposait des objections, et lui citait, en confirmation de ses erreurs, des passages de l'Écriture sainte, toujours détournés de leur sens naturel, et souvent très mal appliqués ; et quand il se mettait en demeure de les réfuter, de les éclaircir, de les expliquer, elle lui ordonnait de se taire ; ou si elle l'écoutait jusqu'à la fin, quelque victorieuses que fussent ses réponses, elle prétendait toujours qu'elles ne détruisaient pas ses difficultés et qu'elles étaient fondées.

Cette conduite l'affligeait, mais son affliction n'allait pas jusqu'à le décourager. Malgré l'inutilité de ses efforts, il réitérait souvent les mêmes tentatives. Aussi constant qu'elle était opiniâtre, non content de redoubler ses prières pour elle, il la recommandait à celles des prêtres, des religieuses et des personnes pieuses de la ville. Si elle paraissait estimer quelque catholique et qu'il le connut pour un homme instruit, il le priait de la venir voir, et dès qu'ils étaient dans la chaleur de la dispute, il disparaissait et se retirait dans sa chambre, ou dans l'église, pour demander à Dieu, dans toute l'ardeur de son cœur, et souvent en répandant des larmes, qu'il lui désillât les yeux et la rendit docile aux leçons qu'elle recevait. On aurait pu lui dire comme un saint évêque le dit à la pieuse Monique, de son fils Augustin, qu'il était impossible qu'une personne de tant de larmes et de tant de prières périt.

Cependant, tout était infructueux. Seulement, elle aimait son fils avec tendresse, et ses vertus faisaient la plus forte impression sur son cœur. Elle se recommandait à ses prières ; elle supportait avec peine son absence. « Que ne m'est-il per-« mis, lui écrivait-elle d'Annonay à Paris, de finir mes jours « auprès de vous, et vous m'enseigneriez, par votre exemple, « à recevoir des mains de Dieu toutes les afflictions comme « des croix qui me sont nécessaires pour mon salut. N'aurai-je « donc jamais le plaisir de vous voir ; ne m'oubliez pas au « moins dans vos prières... »

D'un génie naturellement excessif, comme le sont les personnes de son sexe, surtout en matière de crainte et d'inquiétude, elle avait toutes ces frayeurs, qui sont presque toujours pour elles et pour ceux qui les environnent, un sujet de tourment et de peine, dont il aurait été facile de les délivrer, si dans le premier âge on les eût prévenues ou on eût travaillé à les en guérir. Elle appréhendait les éclairs et le tonnerre excessivement, et les morts plus que les vivants. Elle ne pouvait voir des animaux, quelquefois même nullement dangereux, mais qu'elle avait commencé à craindre dans un temps où elle ne les connaissait pas. Elle tremblait lorsqu'elle était obligée de monter à cheval, et il fallait les raisons les plus fortes pour l'y déterminer. Lorsque son fils aîné fut revenu auprès d'elle, toutes ses alarmes se calmèrent. Elle ne refusait plus de voyage nécessaire, même d'agrément. « J'irai volon-« tiers, disait-elle, quand on lui en proposait, pourvu que « Chomel m'accompagne : quand je l'ai avec moi, je suis sans « crainte et sans inquiétude. » Cependant ce n'était ni sur son courage, ni sur son adresse qu'on pouvait se rassurer. D'un tempérament faible, d'une complexion délicate, n'ayant jamais fait aucun essai de ses forces, il n'avait naturellement ni agilité ni hardiesse. Elle ne se rassurait donc que sur sa piété et sur sa vertu, le regardant comme un ange tutélaire, dont la présence écartait d'elle tous les dangers.

Elle avait encore elle-même sa Mère, qui portait l'attachement à l'erreur jusqu'au fanatisme, et qui n'avait rien négligé pour lui inspirer ses injustes préventions contre les catholiques. Celle-ci haïssait singulièrement notre saint jeune homme, soit à cause du zèle qu'elle lui connaissait, et que sa conduite rendait bien plus capable de faire impression, soit parce qu'elle lui attribuait la conversion de ses frères ; elle craignait qu'il ne mit le comble à ses succès, en procurant la conversion de sa fille ; et voilà pourquoi elle cherchait sans cesse à la prévenir contre lui. Ne pouvant lui reprocher des vices, elle l'accusait de n'avoir que de fausses vertus ; elle disait à sa fille « que c'était un serpent dangereux qu'elle « avait enfanté et qu'elle réchauffait dans son sein ; qu'il la « perdait elle et toute sa famille ; qu'à travers son air austère « et ses prétendues vertus, on voyait qu'il fallait s'en défier, « et que toute sa conduite n'était qu'hypocrisie ». Jusqu'où ne va pas la sensibilité et la délicatesse de l'amour d'une mère? Quoique celle-ci comprit bien que ces discours étaient l'effet de la passion, non du sentiment, et qu'elle évitât toujours de contredire la sienne, même dans les moindres choses, les imputations qu'elle faisait à son fils la chagrinaient ; elle ne pouvait les écouter tranquillement, ni avoir l'air de les approuver par son silence ; elle justifiait son fils. « Je ne vois rien cependant dans Chomel, disait-elle à sa mère, que je puisse blamer « et qui ne me porte au contraire à l'aimer. Il est si doux, si « soumis, si complaisant, si assidu auprès de nous. Il aime « tant les pauvres ; il est si humble, si mortifié, qu'en vérité « on ne peut s'empêcher de le respecter et de porter envie à « sa vertu. Non, ma mère, il n'est pas ce que vous dites. »

Lui, au contraire, qui n'ignorait pas quelle était la façon de penser de sa grand'mère à son égard, entrait dans ses sentiments, se défiait de lui-même ; il craignait qu'effectivement il n'y eut en lui de l'illusion et de l'hypocrisie. Plus elle le méprisait et le rebutait, plus il la visitait fréquemment et lui témoignait de respect. Il était, ce semble, de sa destinée de gagner, comme de force, tous ceux qui lui étaient les plus opposés. Elle se rendit comme les autres à ses vertus. Elle conçut de l'estime et de l'amitié pour lui. Elle prit même son parti contre son père dans le temps qu'il le maltraitait ; et elle se serait sans doute convertie, si elle ne fut pas née avec un de ces esprits opiniâtres, qui, par un principe d'orgueil, ne sauraient se déterminer à reconnaître qu'ils ont pu être trompés. Elle mourut dans son erreur.

Sa fille, d'un caractère plus docile, assez forte pour ne pas être tellement esclave des préjugés de son enfance, qu'elle ne crût en devoir examiner les fondements ; assez juste pour n'être pas aveuglée par ses préventions et pour reconnaître la vérité où elle était, sans acception de sentiments, sa fille était déchirée intérieurement par de violents combats. Quelqu'attachement qu'elle affectât au dehors aux sentiments de la secte, il s'en fallait beaucoup qu'elle fut aussi convaincue de leur vérité qu'elle le publiait. La conduite de son fils et de ses autres enfants, tous catholiques alors, l'avait désabusée de toutes les calomnies des protestants. Sans être encore tout à fait éclairée, elle commençait à ouvrir les yeux, et à entrevoir que la religion de ses enfants pouvait bien être la vraie, mais elle craignait d'éclaircir ses doutes. Si elle ne les blamait plus d'abjurer l'erreur, elle n'osait pas imiter leur courage. Elle portait secrètement envie à leur sort ; et maîtresse de se procurer le même bonheur, elle différait de jour en jour sa conversion ; quelquefois même, emportée par sa faiblesse, elle y renonçait absolument, ne pouvant se déterminer à faire une démarche aussi éclatante, et que sa conduite, toujours constante et uniforme jusqu'à ce jour, semblait condamner ; comme s'il n'était pas plus grand d'avouer que l'on a été séduit et aveuglé, que de persévérer volontairement dans sa méprise, et de continuer à marcher contre les cris de sa conscience, et au risque infaillible de son salut éternel, dans les voies de la perdition et de l'erreur.

Elle aurait bien voulu jouir, dans cette résolution, de la dangereuse tranquillité dont le calme trompeur a perdu et perd encore tous les jours tant de monde ; mais la grâce qui la pressait vivement, les vertus de son fils dont elle était singulièrement touchée, les efforts qu'il faisait, avec ses autres enfants, pour la ramener, ne lui permettaient pas d'éprouver ce mortel assoupissement et cette funeste paix où Dieu laisse quelquefois les hommes pour punir leur résistance à l'Esprit Saint. Quelle situation ! Quelle triste destinée de vivre dans de si grandes perplexités ! Ces agitations, ces incertitudes l'inquiétèrent au point qu'elle en tomba malade ; car on ne douta pas que sa maladie, qui s'annonça pour devoir être longue, n'en fut la fâcheuse suite.

Dès qu'elle en fut frappée, elle eut je ne sais quel pressentiment secret qu'elle n'en relèverait pas. Elle fit alors des réflexions plus sérieuses que jamais sur son état. Sur le point de paraître devant Dieu, irait-elle sacrifier à un vil respect humain ses plus grands intérêts? Pouvait-elle se dissimuler davantage à elle-même, en se rappelant les réponses qu'on avait faites si souvent à ses difficultés, que tous les témoignages se réunissaient en faveur de la vérité de la religion catholique? Sans laisser rien échapper de ses sentiments au dehors, au moment qu'on s'y attendait le moins, elle fait appeler son fils Théodore ; elle lui déclare que le parti en est pris, qu'elle veut se convertir, et que, sans autre délai, on lui fasse venir M. Chabert, le curé. Théodore transporté de joie, va le communiquer à ses frères. A cette nouvelle, frappés tous à la fois d'un sentiment confus de surprise et de plaisir, ils demeurent interdits, à peine peuvent-ils le croire. Louis se rend alors chez sa mère ; les expressions lui manquent ; il ne peut lui parler que par des témoignages de respect et par ses larmes ; elle ne peut lui répondre que dans le même langage. Une mère et un enfant qui auraient été séparés longtemps, et qui auraient pleuré la mort l'un de l'autre, s'ils se voyaient tout à coup, ne montreraient ni plus de sensibilité, ni plus de satisfaction qu'en montrèrent dans cette circonstance Louis et sa mère.

Si la conversion de Madame Chomel fut tardive, elle fut sincère. M. Chabert affirmait que personne ne l'avait peut-être autant édifié. Elle demanda mille fois pardon à son fils, et à ses autres enfants de ce qu'elle leur avait fait souffrir et du scandale qu'elle leur avait donné par son opiniâtreté. Plus de crainte, plus de terreur, plus de respect humain, plus de remords, plus d'inquiétudes. Elle avouait que jamais elle n'avait éprouvé autant de tranquillité que depuis sa conversion ; elle se réjouissait de souffrir ; « trop heureuse, disait-elle, « que Dieu voulut lui faire expier sur la terre sa trop longue « persévérance dans l'erreur et sa résistance obstinée à sa « grâce ». Elle reçut plusieurs fois, pendant sa maladie son Créateur ; mais avec un respect, une ardeur qui le vengèrent bien des dérisions impies, qu'elle avait osé faire si souvent du mystère le plus touchant de son amour pour les hommes.

Son fils ne la quittait plus. Il ranimait sa confiance, il l'excitait à la résignation, il priait avec elle, il lui faisait de saintes lectures. Il aurait bien désiré pouvoir souffrir à sa place et lui prolonger sa vie par le sacrifice de la sienne. A mesure que l'état de la malade empirait, sa piété, sa ferveur semblaient augmenter. Autant elle avait affligé autrefois ses enfants autant elle les consola dans sa maladie et ses derniers moments. Elle mérita de mourir dans les bras de son fils aîné. Heureuse d'avoir eu un enfant si vertueux, si saint, qui, par ses prières lui avait obtenu une grâce si précieuse, celle de se reconnaître à la fin de ses jours.

Elle fut pour lui la leçon la plus touchante de la fragilité des choses humaines. La sainteté ne rend pas insensible : elle fait seulement qu'on se résigne à la volonté de Dieu en adorant ses décrets. Il pleura amèrement cette perte ; mais la ferveur du repentir de sa mère, sa sincère pénitence, lui laissant l'espérance de revoir un jour dans le ciel celle qu'il avait aimée si tendrement sur la terre, il n'en devint que plus ardent à travailler à son propre salut, et à profiter des grâces dont Dieu le comblait pour l'opérer.

Son zèle pour la conversion des protestants.

Son zèle pour la conversion des protestants ne se bornait pas à sa famille. Plein d'amour pour l'épouse de Jésus-Christ, l'Église, le désir le plus ardent de son cœur était de voir tous ses enfants rebelles se soumettre à son autorité et rentrer dans son sein. A peine eut-il embrassé la sainte doctrine, qu'il en devint le défenseur. Sorti de l'abîme, il tendait la main à ceux qu'il y avait laissé après lui ; il les invitait par ses conseils ; il les pressait par ses raisons ; il les convainquait par son expérience. Jamais sa patience ne fut rebutée de les écouter, comme il n'était jamais embarrassé de leur répondre, et, s'ils ne sortaient pas d'avec lui convertis, ils en sortaient au moins vivement combattus, et assez éclairés même, pour pouvoir comprendre qu'ils étaient dans l'erreur. Mais c'était surtout lorsqu'ils touchaient à ce moment fatal, qui décide de tout et où tout nous abandonne, que ses alarmes et par conséquent son zèle, son activité, ses prières redoublaient. Il avertissait du danger de leur état les pasteurs et les prêtres qui avaient quelque accès dans leur maison, afin qu'ils fissent les derniers efforts pour les ramener ; il essayait bien de se présenter lui-même, mais inutilement, on ne lui permettait pas de voir le malade ; on craignait trop les suites de son zèle et du respect qu'il inspirait.

Plus heureux une fois, il vint à bout de pénétrer auprès d'une femme du peuple protestante qui était dangereusement malade. Il travaille à l'instruire et à la gagner. Un fanatique tel que toutes les communions rougissent quelquefois d'en avoir de semblables, voisin de la malade, et aussi protestant, le voit entrer, le suit, l'écoute, paraît brusquement, l'interrompt au milieu de son discours ; il entre dans la plus affreuse colère, il éclate en reproches ; et peu content de l'injurier atrocement, abusant insolemment de la supériorité de ses forces, il en vient jusqu'à le frapper rudement. L'humble serviteur de Dieu subit ce traitement avec une patience et une douceur, qui touchèrent autant ceux qui accoururent au bruit que faisait ce forcené, qu'elles indignèrent contre sa brutalité. M. Chomel, avant de se retirer, les conjura de ne parler à personne de ce qui venait de se passer ; on le promit, mais on était trop indigné pour tenir parole. M. Lemore de Pignieu, alors bailli d'Annonay en fut instruit le même jour. Il se mettait en devoir de donner des ordres pour faire arrêter ce malheureux et le faire punir, lorsque M. Chomel, qui le sut, vint le supplier de les révoquer, en lui disant que cet homme n'était pas si coupable, que c'était sa vivacité qui l'avait emporté, et que peut-être il y avait donné occasion. On aurait presque cru à l'entendre, qu'il avait tout le tort et il demandait cette grâce si instamment que M. de Pignieu, qui vit bien qu'il serait plus affligé de la détention de cet homme que cet homme le serait lui-même, M. de Pignieu se rendit enfin et consentit à feindre d'ignorer ce qui s'était passé.

On ne sait pas s'il n'a jamais été ainsi outragé dans d'autres circonstances. Ce qu'il y a de certain, et l'on doit rendre cette justice aux protestants d'Annonay, c'est qu'en général ils le recevaient avec plaisir chez eux lorsqu'ils se portaient bien ; ils paraissaient édifiés de ses vertus ; ils n'en révoquaient pas en doute la sincérité : ils le citaient même pour modèle. Ils se montraient faciles à lui accorder les secours pour les pauvres, qu'il leur demandait comme aux catholiques. Ils avaient confiance en lui, et ils se recommandaient sans cesse à ses prières. Une telle conduite le rendait encore plus sensible à leur malheur. Il ne cessait d'en gémir devant Dieu.

Loin de lui ce zèle outré, qui éloigne bien plus qu'il n'attire, zèle trompeur, qui, de la haine des opinions fausses et erronées nous fait passer jusqu'au mépris et à la haine de ceux qui les suivent. Hélas ! ne sont-ils pas assez infortunés pour mériter la pitié la plus tendre ? En même temps que M. Chomel détestait leurs erreurs, il aimait leurs personnes, il les visitait assidument. Jamais dans le long commerce qu'il eut avec eux, il lui est échappé la moindre parole qui put les blesser et les offenser. Il était entré plusieurs fois en dispute avec eux ;

mais toujours fidèle à sa maxime, c'était avec tous les ménagements que peut inspirer la charité.

Il blamait même ouvertement les catholiques, qui, par un zèle qui n'est pas selon la science, et souvent dans le dessein de les irriter, les appelaient d'un nom odieux, leur reprochaient la conduite de Calvin, et leur annonçaient, comme avec un air de triomphe, qu'ils seraient un jour la victime des flammes éternelles de l'enfer. « A quoi sert tout cela, disait-il ? Pourquoi chercher à aigrir les esprits ? Vous ne les convertirez pas, tant que vous n'aurez pas d'autres choses à leur dire (1). »

Les écrits qu'il leur a adressés, comme sa conduite à leur égard, portent à la fois l'empreinte de la modération et du zèle. Sans parler de ses lettres, afin de les convaincre plus particulièrement qu'une religion qui s'établit et se maintient par les voies dont on se servit pour introduire la leur et la conserver à Annonay, n'est pas la religion de Jésus-Christ, et aussi, afin de porter les catholiques à rendre grâces à Dieu de les avoir préservés de l'erreur, et à le prier pour la réunion de leurs frères séparés, pour lesquels il conserve toujours une sincère dilection, il composa l'histoire de la naissance ou Introduction de la religion prétendue réformée dans la ville d'Annonay, en Vivarais, de ses accroissements dans le temps des guerres civiles, et de ses différentes révolutions jusqu'à notre temps.

Le protestantisme à Annonay.

La ville d'Annonay avait toujours persévéré dans la religion catholique jusqu'au seizième siècle. Elle avait produit plusieurs grands personnages, également recommandables par leur piété et par leurs lumières. On comptait treize églises dans son enceinte, lorsque Calvin envoya, en 1527 et 1528, prêcher ses erreurs. Le dérèglement des mœurs en contraste avec la foi ; la douceur de la nouvelle morale, qui, sous prétexte de réforme, détruisait tout ce qui humiliait le plus

(1) Combien cette tolérante réserve pourrait être mise en pratique par bien des catholiques de notre temps dans leurs rapports avec leurs coreligionnaires catholiques. (B. C.).

l'amour-propre dans la religion catholique ; la condition des habitants de cette ville, presque tous alors vignerons, artisans ou petits commerçants, et par conséquent peu instruits ; peut-être aussi l'ignorance de son clergé, qui, ne croyant pas qu'on put jamais douter des vérités de la foi, n'avait point étudié pour la défendre en cas d'attaque ; enfin la fureur de la nouveauté et l'enthousiasme : telles furent les tristes causes du funeste empressement avec lequel on y écouta les nouvelles opinions, et du malheureux progrès qu'elles y firent.

Reignier, Cordelier apostat, et Pierre Richer, Carme, aussi apostat, faits tous les deux ministres par Calvin, en furent les premiers apôtres dans cette ville. Ils n'eurent que trop de succès. Leurs prosélytes, trop faibles dans les commencements pour pouvoir remuer, n'introduisirent aucun trouble dans la ville ; mais à mesure que leur nombre augmenta, fidèles aux leçons qu'ils avaient reçues de pareils maitres, ils devinrent plus audacieux, et enfin en 1561, il levèrent l'étendard de la révolte, se soulevèrent contre leur souverain, et appelèrent des troupes étrangères dans Annonay.

A cette époque commencèrent les plus violentes persécutions contre les catholiques. Ils ne purent plus se rendre dans les églises sans être insultés, et bientôt on leur ôta jusqu'à la liberté de former aucune assemblée. Les églises, les couvents, tous les autels furent attaqués, abattus, ruinés, tous les lieux saints profanés ; les vases sacrés, les chasses des saints brisées en mille pièces et vendues à l'encan. On trouvait partout des feux allumés, dans lesquels on brûlait les croix, les images des saints, les reliques, dont on jetait ensuite les cendres au vent et dans les rivières. Tous les monuments de la piété de nos ancêtres, entièrement détruits, faisaient douter si cette ville était encore habitée par des chrétiens, ou si des infidèles avaient pris leur place. La fureur ne s'en tint pas là. Les catholiques les plus fervents furent immolés à la rage des novateurs. On ne voyait plus que troubles, que divisions, que meurtres, que sacrilèges (1).

Tant d'excès ne pouvaient demeurer impunis. M. de Saint-

(1) En juin 1862, les Protestants obligèrent les chanoines d'Annonay, sous peine de la vie, à leur remettre les clefs des coffres où se trouvaient renfermés leurs objets les plus précieux, tels que : vases sacrés, reli-

Chaumont vint avec une armée faire le siège d'Annonay : il s'en empara et y commit des hostilités également condamnées par les catholiques et les protestants. Ces derniers s'en emparèrent de nouveau, et y introduisirent Meausse avec ses troupes, ce qui augmenta la dévastation. Enfin ce ne fut pendant plusieurs années que combats, que sièges, que prises, que pillages, que destructions. Les faubourgs de la ville, qui en font plus du tiers, furent ruinés entièrement. Les taxes les plus onéreuses furent imposées à ses habitants. La famine et la peste succédèrent à ces malheurs ; et cette ville présenta, dans l'espace d'un demi-siècle, le spectacle le plus touchant de tous les fléaux qui peuvent affliger les hommes.

De pareils faits devraient être sans doute effacés dans l'his-

---

quaires, ornements d'autel, vêtements sacerdotaux, papiers, titres, etc... Ces coffres étaient déposés dans une chapelle située au dessous du chœur de l'église Notre-Dame. Or dans la nuit du 27 juillet, les protestants firent irruption dans la chapelle en brisant le treillis de la fenêtre qui avait jour sur la place vieille, aujourd'hui dénommée *place de la liberté.* Puis ayant forcé les coffres, ils pillèrent tout ce qu'ils contenaient. Le lendemain, les calices et autres objets d'or et d'argent furent vendus aux enchères publiques. Ce pillage est revêtu de tous les caractères de l'authenticité, puisque M. Poncer dans ses « *Mémoires historiques sur le Vivarais* » rapporte tout au long l'enquête, qui la suivit et qu'il intitule : « *Enquête sur le pillage des titres et joyaux de l'église Notre-Dame d'Annonay.* »

A ces époques troublées on place à bon droit la destruction de l'ancien couvent des *Religieuses clarisses* situé près du pont de Cauces, la démolition du clocher des Cordeliers et celle de l'*église Notre-Dame.* Cette dernière église qui a précédé immédiatement celle qui a été démolie en 1913 était un édifice vaste assez pur. Le chœur s'étendait en hemicycle sur la place de la Liberté et 25 chapelles avaient été érigées dans l'enceinte sacrée. Cette église vénérable et justement chère à la piété de nos ancêtres ne trouva point grâce aux yeux des prétendus réformés et ils se donnèrent la triste gloire de l'abattre.

Le prieuré de Trachin aurait subi le même sort sans une circonstance providentielle qui le sauva : Claude Carron, médecin distingué d'Annonay et fervent catholique s'était retiré, dès le début des troubles au monastère des Célestins de Colombier. Il fut appelé à Annonay pour donner ses soins à un capitaine protestant qui était tombé dangereusement malade. Mais il ne consentit à sortir de sa retraite qu'à une condition ; c'est que cet officier prendrait l'engagement formel de faire respecter le *prieuré de Trachin.* Cette condition fut acceptée et religieusement observée. Ainsi échappa au pillage et à la dévastation cette belle chapelle de Trachin, dont les Annonéens sont fiers à juste titre, et qui est un magnifique specimen du style gothique au XIIIe siècle. (Notice de M. le curé Mirabel Chambaud.)

toire, s'il n'était utile de les conserver pour inspirer aux races futures l'horreur des discordes civiles et le danger des nouveautés en matière de religion, par la peinture des malheurs qu'elles engendrent. Au milieu de l'amertume qu'occasionnent à M. Chomel ces trites souvenirs, point de ces déclamations vagues, emphatiques, qui n'annoncent le plus souvent qu'un homme à préjugés et une tête follement exaltée. Toujours juste, impartial, il ne rapporte pas avec moins d'exactitude et de sincérité les torts et les fautes des catholiques que ceux de leurs ennemis. S'il remarque avec consolation, à la louange de ceux-là, que ni M. Gamon, auteur protestant et contemporain, ni aucun autre historien de ces temps-là ne leur ont reproché d'avoir appelé M. de Saint-Chaumont ; qu'ils conviennent tous que maîtres de se venger des outrages de leurs ennemis, en profitant des courts intervalles où ils étaient soutenus par l'autorité du roi, ils employaient au contraire leur crédit, et les cachaient même dans leurs maisons, pour les soustraire aux châtiments que méritait leur révolte, et qu'ainsi, si les protestants échappèrent à la vengeance des lois et à la fureur de ceux qui les poursuivaient, ils ne le durent qu'à l'humanité des catholiques. Il remarque aussi, à la louange des protestants d'Annonay, qu'à l'exception de ce qui se passa en 1561, 62 et 67, ils se conduisirent, de leur côté, avec assez de modération pendant les quinze années de guerre, où ils se trouvèrent presque toujours les plus forts, qu'ils parurent se repentir de leur fureur ; qu'après ces révoltes, ils refusèrent constamment d'entrer dans aucune de celles qui s'élevèrent depuis ; qu'on ne les vit point mêlés dans les guerres civiles du temps de Louis XIII, ni dans celles des camisards sous Louis XIV, lorsque le Calvinisme expirant cherchait à ébranler, par de nouvelles secousses, la France, quoique voisins des pays qui en étaient le théâtre, qu'ils se tinrent invariablement attachés à la soumission due au souverain, dont un sujet, dans aucune circonstance, ne peut s'écarter sans crime. Il excuse encore les excès où ils se portèrent en 1562, et les attribue ou aux discours fanatiques de leurs ministres, qui les excitaient, ou à l'emportement de leurs chefs qu'ils ne pouvaient plus modérer et qui les conduisaient beaucoup plus loin qu'ils ne le voulaient.

Soit effet de la séduction, soit effet de la violence, l'hérésie fit un tel progrès à Annonay, qu'il y restait à peine à la fin du seizième siècle, vingt familles de catholiques. Dieu les y réservait, comme autrefois Noé dans l'arche, pour repeupler cette ville de fidèles croyants. Un grand archevêque de Vienne, Pierre de Villars, digne par l'édification de ses mœurs et par le zèle ardent dont il était dévoré pour la gloire de Dieu et le rétablissement du vrai culte, d'être l'ami particulier de saint François de Sales, vint après les troubles y fixer sa résidence pour y être le restaurateur de la vraie foi. Pendant un séjour de cinq ans, il fit relever les églises, reconstruire des croix et réédifier les couvents. Autre Néhémie, il n'oublia rien pour consoler les catholiques et pour ramener les protestants. Ses lumières, sa modestie, une douceur inaltérable, une piété reconnue, le firent admirer des uns et des autres, et lui gagnèrent tous les cœurs. Honteux de leurs égarements et des désordres où les avaient précipités leurs nouveaux apôtres, plusieurs réformés rentrèrent dans le sein de l'Église. Un Jésuite qui jouissait dans ce temps-là d'une brillante réputation, le P. Gautier n'oublia pas ce qu'il devait à sa malheureuse patrie. Il accourut pour secourir M. de Villars, et fut son principal collègue dans ses travaux.

Malgré tous leurs efforts les protestants continuaient à être les plus nombreux. Lors de l'Édit de Nantes, ils désignèrent cette ville pour avoir un temple. L'erreur y marchait tête levée de toutes parts, et en toute occasion, elle insultait aux catholiques, aussi bien qu'aux dogmes respectacles qu'ils suivaient. Il y eut différentes conférences entre leurs ministres et les prêtres catholiques, ou ceux-ci furent toujours vainqueurs, et qui occasionnèrent plusieurs conversions.

Cependant l'Église y réparait les pertes qu'elle avait faites au dehors, en voyant augmenter au dedans la lumière et la piété. C'était le retranchement d'un bois superflu, qui n'avait fait que rendre son fruit meilleur. Les Recollets, les Jésuites, les religieuses de Notre-Dame furent fondés successivement dans cette ville, et y grossirent le nombre des ouvriers évangéliques (1). Alors vivait un M. Courbon, curé séculier, un

(1) Les conférences religieuses entre les prêtres catholiques et ministres protestants furent le signal de conversions consolantes. Parmi

M. Caron, un Jules et un Jacques de Serres, successivement évêques du Puy, un Montchal, archevêque de Toulouse, un Philippe Codure, qui avait été ministre protestant, dont on a un commentaire sur Job, un André de Sauzea, évêque de Bethléem, tous natifs de cette ville, et dont les rares lumières et les grands exemples ramenèrent plusieurs de ceux qui s'étaient laissés séduire.

Enfin ils reçurent le dernier coup par la révocation de l'Édit de Nantes. Leur temple fut démoli, et les deux ministres qu'ils avaient dans cette ville, obligés de se retirer. « Les « réformés qui reprochent tant l'intolérance aux catholiques, « dit M. Delambert, et qui ne haïssent la persécution, que « quand elle les regarde, et nullement quand ils l'exercent » éclatèrent en plaintes les plus amères contre cette révocation, et leurs successeurs ne peuvent encore s'en consoler. M. Chomel les prie ici, par la charité de Jésus-Christ, de suspendre, pour quelques moments, les préjugés de leur naissance, et de faire avec lui quelques réflexions sur la sagesse de cet Édit. L'autorité du roi étant entièrement affermie, devait-il plus longtemps supporter dans ses états une communion, qui avait appelé si souvent les étrangers au milieu du royaume, et qui, soumise avec peine, n'attendait peut-être que le premier moment de faiblesse dans le gouvernement, pour exciter de nouveaux troubles.

Un tiers des protestants d'Annonay rentra, à cette époque, dans le sein de l'Église, un tiers, dont quelques-uns mais peu, sortirent du royaume, se dispersa ; un tiers demeura dans la ville ; et ce tiers a diminué au point, que de vingt familles seulement de catholiques qu'il y avait, il n'y a pas aujourd'hui la sixième partie de ses habitants qui suivent la religion prétendue réformée. Chaque année encore en ramène quelques-uns dans le bercail ; et en témoignage de ce qu'il avance, il nomme

---

les recrues auxquelles les catholiques annonéens furent heureux d'ouvrir leurs rangs vers l'année 1625, on signale : M. de Munas ; Mme Seigle ; M. Androl de Boulieu, juge de Serrières et son épouse née Peyron ; M. Gamon de la Lombardière ; Mme Duperte ; Mlle de la Colange ; Mlle de Chomeise ; M. de Colombert, capitaine ; Mlle de Granger ; M. de Blancart et beaucoup d'autres. (Notice de M. le curé Mirabel Chambaud, *Semaine religieuse* d'Annonay.)

tous ceux qui se sont convertis depuis le commencement de ce siècle. Il nomme aussi tous ceux qui s'obstinent à persévérer dans l'erreur ; il leur adresse la parole ; ils les assure de toute sa tendresse. Eh ! comment pourrait-il être indifférent à leur sort, « puisqu'ils sont les os de ses os, la chair de sa chair, pour la plupart, selon les liens de la nature, et du moins ses très chers frères en Jésus-Christ par les liens du baptême ».

Il les conjure de considérer, avec attention, les perpétuelles contradictions qui règnent entre eux, et les variations éternelles de leur croyance, différente dans chaque pays, comme elle l'a été dans chaque temps. Une doctrine si peu capable de fixer l'esprit de l'homme naturellement incertain, pourrait-elle être la religion de Jésus-Christ ? Pourquoi, après avoir rejeté avec tant d'orgueil l'autorité infaillible de l'Église, se soumettent-ils aujourd'hui à ce que leur enseignent leurs ministres ? Ils ne doivent aucune foi à leurs décisions, qu'ils s'en tiennent donc au système, quoique très erroné qui a fait le fondement de leur réforme (1) ; que profitant de la malheureuse et inquiète liberté qu'il leur laisse, ils examinent avec soin les motifs de crédibilité de l'une et de l'autre communion, qu'ils n'étudient pas seulement dans leurs livres de controverse, toujours menteurs, ou au moins toujours suspects, lorsqu'ils parlent de la foi catholique ; qu'ils lisent avec attention ceux que nous leur opposons, ensuite qu'ils soient juges ; mais juges sans prévention, sans entêtement, pleins d'équité et de droiture : alors la vérité, cette fille des cieux, se montrera à leurs yeux ; ils gémiront d'avoir pu si longtemps la méconnaitre ; ils reviendront à l'unité, et écouteront avec docilité l'Église par laquelle le Saint-Esprit prononce ses oracles.

« Plaise au Dieu de la paix, de la donner à tous ceux qui « sont marqués du sceau de son baptême. Mais cette paix ne « peut être parfaite, que dans l'union des esprits et dans l'unité « des sentiments comme des affections. Plaise à ce Dieu, qui « est tout-puissant, de faire naître, même des pierres, des « enfants d'Abraham ; que les protestants considèrent, avec

(1) Un de leurs auteurs lui-même l'a reconnu. « Qu'on me prouve « aujourd'hui, dit Jean-Jacques Rousseau, qu'en matière de foi, je sois « obligé de me soumettre aux dérisions de quelqu'un, dès demain je me « fais catholique, et tout homme conséquent et vrai fera comme moi. »

« regret, la pierre de laquelle ils ont été détachés dans la per-
« sonne de leurs ancêtres, et que les chrétiens catholiques
« prient Dieu avec plus de ferveur que jamais pour la paix de
« Jérusalem et son exaltation, par la réunion de tous les princes
« chrétiens, et la conversion de toutes les nations, afin que
« professant tous la même foi et adorant le même Dieu, ils
« aient le bonheur de le posséder ensemble pendant la durée
« de l'éternité. Ainsi soit-il. »

L'on trouve, dans presque tous ses écrits, les mêmes vœux répétés pour la conversion des protestants ; et si l'on en connaît pas beaucoup qu'il ait ramené, on ne peut pas au moins douter qu'il ait infiniment contribué par ses prières, ses exemples et ses exhortations, à la conversion de ceux qui sont rentrés de son temps dans le sein de l'Église.

Son zèle pour les âmes.

En croyant ne peindre que le zèle de M. Gourdan, dans la vie qu'il en a composée, il s'est peint lui-même si naturellement, qu'il est impossible de ne pas l'y reconnaître. « Ses vœux
« s'étendaient généralement à tout ce qui pouvait contribuer
« à la gloire de Dieu et à l'accomplissement de sa sainte
« volonté. Ainsi il prenait une grande part à tous les intérêts
« de l'Église, et il ne cessait de demander à Dieu de la conser-
« ver, de l'accroître par toute la terre, d'envoyer des ouvriers
« évangéliques dans le champ du Père de famille, et d'accorder
« un heureux succès à leurs travaux. Cet homme vraiment
« catholique et amateur de l'unité, que le Fils de Dieu nous a
« tant recommandée, le priait, avec larmes, pour le retour des
« hérétiques et des schismatiques, et la conversion des pécheurs
« En un mot, les intérêts de l'Église l'occupaient sans cesse :
« aussi était-ce le sujet le plus ordinaire de ses entretiens. On
« croyait voir en lui un Jérémie pleurer sur les maux de Jéru-
« salem, un Daniel, homme de désir, qui ne cessait de prier
« pour son peuple : ainsi toujours rempli de zèle pour la gloire
« de son Dieu, il était aussi en même temps tout brûlant
« d'amour pour le prochain. »

De tous les événements que la scène mobile du monde offre aux regards étonnés des spectateurs, aucun ne le touchait plus sensiblement que ceux qui intéressaient la religion. Le progrès de la foi chez les nations infidèles, le retour de quelque Église schismatique, des miracles opérés par l'intercession d'un saint, étaient pour lui ce que sont pour tant d'autres les récits des batailles et des victoires, toujours chèrement payées par les larmes qu'elles font répandre ; et l'histoire affligeante des révolutions qui troublent la tranquillité et le repos du monde.

Les feuilles périodiques rapportaient-elles quelque nouvelle de cette espèce, « voilà, disait-on unanimement, un trait qu'il « ne faut pas laisser ignorer à M. Chomel : il lui fera certai- « nement plaisir » ; et on lui envoyait aussitôt la feuille qui le rapportait ; il la dévorait ; des larmes de joie lui coulaient des yeux. Il ne pouvait contenir au dedans de lui-même sa satisfaction ; il s'empressait d'apprendre à tous ceux qu'il rencontrait l'heureuse nouvelle. Souvent, quoiqu'on en fut instruit, on feignait de l'ignorer, afin de lui laisser jouir de tout le plaisir qu'il avait à la répéter. Il paraissait si ému, si touché, que les plus indifférents même, puisque tel est l'affaiblissement de la foi, et le malheur du siècle qu'il y ait des personnes qui le soient à ces sortes d'événements, que les plus indifférents même en étaient remués, et semblaient partager la joie qu'il ressentait et qu'il exprimait si vivement.

Quel respect ! quelle vénération ne méritent pas ces ministres zélés, qui s'arrachant à la tendresse d'une famille, à laquelle ils sont soumis par les liens du sang et de l'amour, et à une patrie à laquelle ils tiennent par le devoir, par l'habitude et par affection, se transplantent sous des climats étrangers, souvent nuisibles, s'exposent aux plus effrayants dangers, et s'engagent aux plus pénibles travaux, pour aller annoncer la foi aux nations infidèles. Ils étaient les héros de M. Chomel. Ceux que sa patrie a produits tiennent dans les annales qu'il en a composées, un rang aussi distingué que les conquérants fameux dans les fastes des empires ; leurs noms, leurs pieux exploits, leurs lettres (1) à leurs familles, tout y est recueilli, conservé et transmis à la postérité avec éloge.

(1) On y en trouve plusieurs de M. Mongolfier, prêtre de la congrégation de Saint-Sulpice, natif de cette ville, qui fut envoyé au Canada en 1751, pour y être supérieur du séminaire. Homme vraiment apostolique, dit M. Chomel, et bien digne de tous nos respects et de tous nos éloges.

Pourquoi ne peut-il pas aller partager leurs travaux et leur gloire, et mériter de répandre son sang pour Jésus-Christ? Mais son humilité réprime les vœux que son zèle lui fait former. Une aussi haute entreprise est au dessus de sa faiblesse. Il se dévouera donc à un ministère, moins glorieux sans doute, puisqu'il n'y a point de dangers à courir, mais qui a ses peines, ses dégoûts, ses ennuis et une grande utilité.

« Pour réformer le monde, dit un grand prélat (1), autant « que le permettent sa corruption et la faiblesse de notre « nature, il suffirait d'observer, sous la direction et l'impres- « sion de la grâce, les premiers rayons de la raison humaine, « de les saisir avec soin et de les diriger vers la route qui « conduit à la vérité. Par là ces esprits encore exempts de « préjugés, seraient pour toujours en garde contre l'erreur ; « ces cœurs, encore exempts de grandes passions, prendraient « les impressions de toutes les vertus. »

Qui montra jamais plus d'empressement pour remplir cette fonction que M. Chomel? Plusieurs fois la semaine, il rassemblait ses neveux et les jeunes gens qui voulaient les suivre ; chacun avait la liberté d'y emmener ses camarades, tous y étaient également bien accueillis. Afin de les attirer par des motifs plus attrayants pour leur âge, il leur donnait des leçons de géographie et d'histoire ; il étudiait dans leurs réflexions et leurs réponses, leurs inclinations naissantes ; et par des exhortations vives et animées, et toujours simples et adaptées au caractère de ses jeunes auditeurs, par le choix des faits qu'il leur racontait, ordinairement tirés de nos livres saints, il captivait leur attention, si curieuse à cet âge d'événements merveilleux ; il leur insinuait le goût de la vertu ; et il préparait ainsi, de bonne heure, par de salutaires leçons, des adorateurs sincères au vrai Dieu. Sa charité, son humilité, sa mortification donnaient un grand poids à ses paroles. Il visitait aussi plusieurs fois le mois les classes du collège et toutes les écoles de la ville. Ses visites étaient courtes. Eh ! qu'avait-il besoin de parler longtemps? Sa présence seule ne suffisait-elle pas pour prêcher la piété et la vertu à des enfants, surtout en qui les exemples laissent toujours des impressions plus

(1) Mandement de Monseigneur l'Archevêque de Paris contre Emile.

profondes que les discours même les plus pathétiques, qui s'effacent si facilement de leur mémoire.

Il est une profession, la profession des armes, où la vie, si incertaine pour tous les hommes, est exposée encore à de plus grandes vicissitudes. Tout conspire à y abréger des jours, déjà si courts et si fragiles. Loin cependant que les dangers alarmants, qui les y menacent, y entretiennent la ferveur et y redoublent la vigilance on y vit le plus souvent dans un entier oubli de Dieu et du salut. Le bruit des armes, une dissipation entraînante, des exemples et des entretiens presque toujours pervers et contagieux, des occupations quelquefois extrêmes, suivies ensuite d'un long et funeste repos, y ferment, dans la plupart des cœurs, l'accès de la grâce. Plein d'estime pour des hommes aussi utiles à l'État, dont ils font la défense et la sûreté, M. Chomel aurait voulu pouvoir les enrôler tous au service du Seigneur, Dieu des armées. Mettait-on des troupes en garnison à Annonay, à leur arrivée, il allait voir l'officier commandant, pour le prier de le faire présenter à ses soldats. On le conduisait dans toutes les chambres ; il demandait et obtenait le droit de les visiter à son gré dans les casernes ; il le faisait chaque semaine. Là, après avoir supporté avec patience et bonté leurs froides railleries, leurs questions oiseuses et leurs familiarités, quelquefois indécentes, il était écouté à son tour. Souvent on était touché. On l'allait voir dans sa chambre. Il catéchisait les uns, il prêtait des livres aux autres, il indiquait des confesseurs ; et afin de les mettre à l'abri de la tentation de l'oisiveté, qui est pour eux la source des plus grands désordres, s'ils avaient un art, un métier, ou qu'ils fussent assez robustes pour soutenir la fatigue de manouvrier, il leur procurait une occupation conforme à leurs talents et à leur force. Si ce genre de ministère était pénible pour lui, rarement aussi était-il sans quelque consolation.

Un des malheurs de ceux qui naissent dans l'indigence, est de ne recevoir, dans leur enfance, aucun genre d'éducation, et de parvenir souvent jusqu'à la vieillesse, sans avoir aucune teinture des éléments de la religion. Que ne faisait pas M. Chomel pour suppléer à une négligence aussi coupable? Que de pauvres lui ont été redevables de leur instruction dans les mystères de la foi ! Arrivés dans un âge avancé, rougissaient-ils de leur ignorance, il se rendait lui-même chez eux pour les enseigner. Il engageait ceux qui étaient moins timides, à venir tous le rejoindre le soir dans une salle basse de son frère, et il leur faisait le catéchisme pendant plus d'une heure. Si quelqu'un ne se rendait pas au temps indiqué et arrivait après le départ des autres, il recommençait pour lui seul, sans lui faire aucun reproche de son défaut d'exactitude, dans la crainte de le rebuter. Jamais il marquait ni dégoût, ni ennui, ni impatience. Jamais il ne parlait des mystères de la religion sèchement et froidement, comme de choses indifférentes. Il savait varier la méthode selon les sujets et les occasions, et ses instructions étaient toujours précédées de la prière, afin que Dieu lui ouvrit les portes et donnât à ceux qui l'écoutaient, la docilité, l'intelligence, la persévérance. Doit-on être étonné après cela de ses succès?

Le même zèle qui le rendait si animé à gagner des âmes à Dieu, et qui le faisait tressaillir de joie à la vue des actions qui le glorifiaient, le pénétrait de la plus vive douleur, quand il le voyait offenser. Ni la multiplicité des crimes, qui couvrent aujourd'hui plus que jamais la surface de la terre, ni la longue habitude d'en avoir sans cesse le spectacle effrayant devant les yeux, ni l'inutilité de sa douceur, prétextes vains et frivoles qui justifient si souvent à des cœurs qui se flattent d'aimer et qui n'aiment pas, la froideur et la tranquilité avec lesquels ils voient commettre le péché, rien de tout cela ne pouvait ni surprendre, ni diminuer l'excès de son chagrin dans ces circonstances. Avec un caractère enclin à l'emportement et à la vivacité, au milieu des plus injustes contradicteurs, dans le premier moment de la surprise ou de la douleur, il paraissait toujours le plus doux, le plus patient des hommes (1). Mais il n'était plus aussi maître de lui-même, lorsqu'il s'agissait d'empêcher ou de reprendre quelque péché.

(1) Voici ce que je tiens de M. l'abbé Chomel, son neveu, chanoine d'Annonay.

« Un jour d'hiver, mon oncle vint nous rendre visite ; on s'approche « du feu, et l'on fait la conversation. Quelqu'un entre, il se lève par « politesse. La domestique qui veut traverser l'appartement, et que la « chaise de mon oncle embarasse, la recule. Après ses compliments au

On l'a vu une fois entrer dans une sainte colère. Une de ses belles-sœurs, femme de beaucoup de piété et de vertu, se plaignit à lui d'une de ses demoiselles, qui avait occasionné de l'inquiétude à un Religieux par une médisance qu'elle en avait faite et qu'elle excusait, comme il arrive communément, sur la légèreté de la matière et l'innocence de ses intentions. M. Chomel lui avait fait plusieurs fois mais assez inutilement de fortes représentations, pour la détourner du penchant qu'elle avait à s'amuser ainsi aux dépens souvent de la réputation, et presque toujours au moins aux dépens du repos du prochain. Il faudrait être insensible pour être toujours sans vivacité. A cette nouvelle plainte de sa belle-sœur, il fait appeler sa nièce, pour lui réitérer ses leçons. Excité par son zèle sa douceur s'altère ; il élève la voix ; il parle avec feu, insensiblement sa colère l'emporte, et finit par vouloir la frapper avec son bâton, ce qu'elle évita par une prompte fuite. L'homme de Dieu revint à lui presque aussitôt ; il se reprocha sa vivacité, demanda humblement pardon à sa belle-sœur du scandale qu'il avait dû lui donner, et sortit de la maison encore plus vivement pénétré de la faute qu'il venait de commettre, que de celle qu'il avait voulu corriger.

Dans toutes autres circonstances, lorsqu'il s'agissait de fautes qu'il ne pouvait point empêcher et qu'il n'avait point droit de reprendre, il se contentait d'en gémir devant Dieu, et de prier pour la conversion du pécheur. « Quand on ne « peut-pas empêcher les choses, disait-il alors, il n'y a point « d'autre ressource que la prière. Souffrons en silence les « crimes auxquels nous ne pouvons pas remédier. C'est pour « la sanctification des bons que Dieu tolère les méchants ; « leur méchanceté doit donc toujours nous affliger mais jamais « nous irriter. Lorsque nous ne pouvons pas corriger les autres, « bornons-nous alors à chercher à nous réformer nous-mêmes ;

« nouveau venu, ne s'étant pas aperçu que sa chaise a été éloignée, il « veut se rasseoir et se jette à la renverse sur le pavé (qui était en pierres « de taille), chute terrible pour un homme de son âge, et extrêmement « affaibli par la maladie ; il dut en ressentir une vive douleur. Il fallut « que je le relevasse, et je n'aperçus pas le moindre mouvement, pas « un geste qui décéla l'humanité. On rapproche sa chaise, il s'asseoit, et « continue la conversation avec autant de tranquillité. »

« portons la sonde jusqu'au fond de notre conscience ; et « quelque nous soyons ou que nous croyons être, nous trou- « verons toujours bien des défauts à corriger, bien des taches « à laver. »

L'amour est la passion la plus impérieuse et la plus absolue : il s'assujettit toutes nos pensées, nos désirs, nos actions, tout notre cœur, toute notre vie. Heureux ! lorsqu'il a pour objet l'Etre souverainement aimable, infiniment parfait, pour lequel seul nous avons été créés : il n'aura alors à redouter ni caprice, ni inconstance de celui qu'il aime. Ce sera un amour éternel ; le tombeau où finissent les enchantements des amitiés humaines les plus constantes, commencera ses prospérités, son règne et son triomphe.

Son amour de Dieu.

C'était le bonheur de M. Chomel de n'aimer que Dieu, et de n'aimer rien que par rapport à Dieu. A quelque moment qu'on l'eut interrompu, soit qu'il méditât dans le silence, soit qu'il conversât parmi les hommes, soit qu'il fût livré à quelqu'occupation, et qu'on lui eut demandé à quoi il pensait, toujours ou presque toujours, il aurait pu répondre qu'il pensait à Dieu, que ce qu'il disait, ce qu'il faisait, il le faisait pour Dieu. L'esprit sans cesse élevé au ciel, il semblait habiter avec les anges.

Quelquefois par de pieuses distractions on l'entendait s'écrier à demi-voix, au milieu de la conversation : « mon Dieu je vous aime ; mon Dieu, faites-moi la grâce de vous aimer comme vous le méritez ». Mais c'était surtout lorsqu'il était seul dans sa chambre, qu'il se livrait à ces pieuses exclamations ; et il était si animé, qu'il croyait que tout cela se passait dans son âme, et qu'il ne s'apercevait pas qu'il parlait à haute voix, tandis qu'il était entendu de plusieurs personnes.

S'il lui arrivait de perdre un moment la présence de Dieu, et de s'arrêter avec trop de réflexion sur quelque objet étranger, il s'en affligeait, il appelait ces pensées, des pensées vaines ; il se les reprochait comme des crimes, et il s'en inquiétait d'autant plus, que malgré sa vigilance à les prévenir et son zèle à les combattre, elles revenaient sans cesse, car telle est la légèreté de l'esprit humain : fragile roseau, il ne peut demeurer longtemps immobile, fixé vers le ciel ; le moindre vent, un léger souffle l'agite, le courbe sans cesse vers la terre.

Mais M. Chomel ne pouvait pas le comprendre. Il était même si vivement, si continuellement affecté de la présence de Dieu, qu'afin de retirer un peu son esprit de cette grande contention qui altérait sa santé, ses confesseurs avaient été obligés de lui donner, pour pénitence, de s'appliquer aux choses qu'ils croyaient les plus propres à le distraire. C'était par leur ordre qu'il composa l'histoire d'Annonay, et les autres ouvrages qu'il a laissés.

Le souvenir de Dieu, de ses bienfaits, de son amour, tout ce qui peut le rappeler à l'esprit et au cœur, est aujourd'hui banni de l'entretien des hommes. Lui, au contraire, était obligé de se faire une pénible contrainte pour être un moment, dans la conversation, sans en parler ; mais en quels termes, avec quelle onction, avec quel amour en parlait-il? Ses regards élevés vers le ciel, des gestes simples et animés, le ton de sa voix, tout manifestait les flammes divines dont son âme était embrasée. On croyait voir, on croyait entendre un prédestiné. Il abordait rarement quelqu'un, sans lui dire quelque parole de salut.

Tel il était dans la conversation, tel on le retrouve dans ses lettres. Parmi celles que nous avons pu nous procurer, il n'en est point, à qui qu'elles soient écrites, où le nom de Dieu ne soit rappelé et où il n'insère quelques pieuses réflexions. Celles surtout qu'il écrivait à ses neveux, dans lesquelles il se donnait plus de liberté, ne sont à proprement parler, que des exhortations continuelles à servir et à aimer le Seigneur.

Tantôt il exalte leur bonheur, pour exciter leur reconnaissance et leur amour : « Au milieu de beaucoup de peines, ma « très chère nièce, dont Dieu juge à propos de me partager, « je suis rempli de consolation, en apprenant que de jour en « jour vous persévérez avec confiance dans votre sainte « entreprise, que la maison du Seigneur fait vos délices, et « que vous ne vous plaisez que dans la compagnie des épouses

« de Jésus-Christ. Que vous êtes heureuse, ma très chère « nièce ! mais aussi quel doit être votre amour et votre recon- « naissance envers votre divin Époux, lequel, sans aucun « mérite de votre part, vous a prévenue dans ses divines « miséricordes, et vous a placée dans les pâturages les plus « abondants et les plus délicieux ; que votre partage soit donc « de goûter combien le Seigneur est doux, de lui témoigner « de plus en plus votre amour, et de lui demander pour grâce « la plus précieuse, l'accroissement continuel de ce même amour. « Oui, ma très chère nièce, Dieu est notre premier principe, « notre objet, notre bonheur, notre repos, notre espérance, « notre force, notre joie, notre centre, notre dernière fin et le « bienheureux terme auquel nous devons tendre. Quiconque, « dans ce monde, désire quelque chose hors de lui, passera sa « vie dans l'inquiétude, et la finira dans le trouble. Prions-le « bien qu'il veuille être toujours présent à notre esprit, et à « notre cœur, pour nous inspirer ces hauts sentiments, et sur- « tout armons-nous d'une humble confiance, qu'il voudra bien, « par sa grâce, nous aider à surmonter notre propre faiblesse. »

Tantôt il les encourage, par de grands exemples, à supporter avec patience les peines de leur état. « Vous avez déjà, ma « très chère nièce, sans doute appris l'ardeur héroïque de « Madame Louise, qui s'est faite carmélite. Quel exemple ! « Quel sujet d'édification, et que Dieu nous aime encore, de « susciter au milieu de nous, dans un siècle si malheureux, un « modèle si touchant et si élevé du renoncement le plus absolu « au monde ! Voilà de quoi vous encourager à porter avec « patience toutes les peines de votre état. Que sont tous les « sacrifices que vous avez faits à Dieu en comparaison de « ceux que vient de lui faire cette auguste princesse ! Et voilà « en même temps de quoi nous confondre, nous qui vivons « dans le monde... »

Tantôt il les consolait au milieu de leurs peines intérieures. « J'ai reçu, ma très chère nièce, votre lettre; et si, d'un côté, « j'ai eu bien du plaisir d'apprendre que, grâce à Dieu, vous « jouissez d'une bonne santé, et surtout que vous persévérez « à lui rendre grâces de la faveur qu'il vous a faite de vous « arracher à ce monde, si funeste pour le salut, je ressens, « d'un autre côté, toutes les peines intérieures que vous m'ex-

« primez si bien par votre lettre. Mais que puis-je en conclure, « si ce n'est que Dieu vous met à l'épreuve, et qu'en cela vous « êtes bienheureuse, selon l'expression de l'Écriture, parce « que, comme ça a été une grande faveur de sa part, de vous « faire ressentir tant de consolations et de goût pour votre « état avant que d'y entrer, et cela pour vous y attirer ; c'est une « faveur aujourd'hui bien plus précieuse, lorsqu'il vous fait « part de ses peines et de ses croix ; il veut vous faire acquérir « les vertus les plus solides, et qui vous uniront à lui avec « plus de fermeté ; l'humilité, le mépris de vous-même, la « bonne opinion des autres, la conformité avec Jésus-Christ « portant sa croix, et crucifié, un désir sincère de la vie éter- « nelle, ou rien ne pourra nous séparer de Dieu. »

Tantôt il les instruit de leurs devoirs. « Trouvez bon, mon « cher neveu, que je vous prie de rappeler dans votre souvenir « tout ce que je puis vous avoir représenté pendant tout le « temps que vous avez été avec moi, par l'affection sincère « que j'ai toujours eue et que j'aurai toujours pour vous. « Vivant au milieu du monde, votre salut est exposé à de « grands périls. Permettez donc que je vous exhorte de nou- « veau à vivre toujours dans la présence de Dieu, à le craindre, « à l'aimer, à espérer en lui, à veiller sur vous-même, à éviter « les occasions et les compagnies nuisibles ou dangereuses, « rien n'étant plus à craindre que les mauvais exemples, puis- « que l'on fait souvent par complaisance, ce qu'on ne ferait « pas par inclination ; à rechercher au contraire une honnête « liaison avec les personnes qui pourraient vous former, et « pour la vie présente, et pour la piété ; à faire surtout choix « de quelque bon directeur, auprès duquel vous puissiez sou- « vent vous consoler, vous instruire et vous disposer à appro- « cher fréquemment et dignement de nos saints mystères ; à « donner chaque jour quelques instants à une lecture pieuse, « à être très dévôt à la Sainte Vierge, à ne manquer jamais par « votre faute à aucune instruction publique, ni à la grand'messe « de paroisse. Voilà, mon cher neveu, ce que mon cœur vou- « drait vous exprimer. Je me sens tout à fait affaibli, et ma « santé est bien chancelante ; priez Dieu pour moi, comme je « le ferai pour vous. Je reste avec toute l'affection possible, « et surtout en Notre Seigneur Jésus-Christ. »

Et à un autre de ses neveux, qui avait du succès dans ses études : « Il est bien important pour vous, mon cher neveu, « de vous faire aimer de tout le monde par des manières pré- « venantes, pleines de candeur et sincèrement humbles. « Mais ce n'est pas assez d'être humble et modeste devant les « hommes, il faut surtout l'être devant Dieu. En effet, si vous « avez quelque intelligence et quelques dispositions, ce n'est « pas vous qui vous les êtes données, c'est de Dieu de qui vous « les tenez, et à qui vous devez en rendre de continuelles « actions de grâces. Qu'avez-vous en effet que vous ne l'ayez « reçu? Et si vous l'avez reçu, pourquoi vous en glorifiez-vous? « Ce sont les expressions du grand apôtre. Sachez d'ailleurs, « qu'il y en a bien d'autres plus estimables que vous par toutes « sortes d'endroits » ; et il finissait par ces quatre vers latins :

Care, rogo Jesum, sic te tueatur ubique,
Doctrina ut crescas, crescas amore Dei:
Et quando que patri det te remeare valentem,
Fratribus ut tu sis lux, decus, auxilium (1).

Je ne rapporterai pas un plus grand nombre de ses lettres, dans la crainte de m'éloigner trop de mon sujet. On peut juger des autres par celles que j'ai copiées ici. « Les lettres que je « recevais de mon oncle, m'écrivait à ce sujet le Père Roch « Chomel, Recollet, et cela assez fréquemment, étaient des « exhortations continuelles à la ferveur et à l'imitation des « saints de mon Ordre. Toutes étaient remplies des passages « de l'Écriture sainte et des SS. Pères. Ces lettres étaient si « édifiantes et si instructives, que mon Père maître, lorsque « j'étais novice, en faisait faire publiquement la lecture... »

Ainsi M. Chomel ne vivait, ne pensait, n'agissait que pour son Dieu, n'était dévoré que du zèle de la gloire de Dieu, ne pouvait penser qu'à Dieu, ne pouvait parler que de Dieu. A ces traits, qui pourrait douter que l'amour de Dieu fut sa passion dominante.

(1) Cher, je prie Jésus qu'il t'assiste partout de telle sorte que tu croisses en science, que tu croisses en amour de Dieu et que lorsque tu seras rendu bien portant à ton père, tu sois pour tes frères une lumière, une gloire et un secours (B. C.).

Sa charité.

Lecteurs chrétiens, je vous entends, vous désirez trouver encore dans son amour pour Dieu une autre qualité, ce caractère divin auquel Jésus-Christ annonçait que l'on connaîtrait ses disciples, la Charité. M. Chomel aima-t-il le prochain? Pratiqua-t-il la charité envers le prochain? Vous qui le connaissiez, vous ne me faites pas cette question. Vous croyez presque que sa vie ne dut être autre chose que l'histoire de la charité elle-même, mise en action ; et votre impatience a souffert que j'aie été jusqu'ici sans en parler. Il est temps de vous satisfaire les uns et les autres ; il est temps de satisfaire l'inclination qui m'entraîne à parler d'une vertu, qui lui a fait consoler tant de malheureux et soulager tant d'indigents, et dont on peut si difficilement espérer, dans ce siècle d'égoïsme, de voir revivre souvent la touchante image.

Que notre amour pour le prochain ne se borne point à des paroles, et qu'il ne demeure point sur la langue, disait l'apôtre saint Jean, mais qu'il soit véritable, comme partant du cœur, *veritate*, et qu'il se montre au dehors par nos œuvres, *et opere.* Il ne fallait que voir, entendre M. Chomel et observer sa conduite, pour se convaincre que la charité, dans toute sa perfection pour le prochain, régnait dans son âme. Toujours empressé de témoigner à tout le monde les sentiments d'affection qu'il sentait pour un chacun, officieux et prévenant, ces démonstrations perpétuelles de bienveillance, qui ne sont dans la bouche de la plupart des gens qu'un langage de convention, que l'on tient indifféremment à ceux que l'on aime et à ceux que l'on hait, était en lui l'expression la plus naïve de ses sentiments. On pouvait le croire lorsqu'il vous offrait ses services, et si on le mettait à l'épreuve, on expérimentait combien ses offres étaient sincères.

Ni dans le bonheur, ni dans le malheur, jamais on ne lui était indifférent. Il se réjouissait de tout ce qui vous arrivait de favorable ; il en remerciait le Seigneur, et demandait pour vous la grâce que vous en fissiez un bon usage. Il partageait vos afflictions et vos peines ; plein d'égards pour votre sensibilité, il se prêtait à votre faiblesse, il vous écoutait parler avec attention de la grandeur de vos maux, et il ne négligeait rien pour vous amener au pied des autels, pour vous y faire chercher ces consolations solides et véritables que nous offrent les secours et les espérances de la religion ; il volait partout où il y avait des larmes à essuyer ; il prodiguait ses visites et ses soins. Que d'effusion de cœur ! que de serrements de mains il avait reçu dans ces circonstances ! Aussi quoique ordinairement dans une profonde douleur on s'enveloppe dans soi-même, on dédaigne d'avoir des témoins de ses peines, on écarte tous ces consolateurs onéreux, ces protestations d'amitié, desquelles on n'a que trop lieu de suspecter la réalité ; les portes étaient toujours ouvertes à M. Chomel ; on l'exceptait nommément dans les ordres que l'on donnait à ses domestiques de ne laisser entrer personne ; et si on oubliait de l'excepter, ils se croyaient suffisamment autorisés à l'introduire, lorsqu'il se présentait, et ils n'en avaient pas des reproches. Sa présence était pour les malheureux, un soulagement à leurs afflictions.

Son cœur repoussait violemment la haine contre ses frères, et fut toujours étroitement fermé à ces noirs accès, qui troublent plus encore le repos et la tranquillité des jours de ceux qu'ils attaquent, que de ceux qui ont le malheur d'en être l'objet. Qui l'entendit jamais se plaindre de qui que ce soit? Qui est-ce qui supporta jamais plus facilement une offense? Qui est-ce qui a jamais plus craint d'en faire à autrui?

La médisance, ce vice que nous détestons quand nous en sommes l'objet, et que nous excusons si facilement quand ce n'est que les autres qu'il attaque, souilla-t-elle jamais sa langue? Eut-il jamais à se reprocher d'avoir provoqué quelqu'un, ou par son habileté à en faire naître l'occasion, ou par une complaisance criminelle à l'écouter. M. Desfrançais, Lieutenant général du Baillage, se plaignait de son extrême délicatesse à cet égard.

« Il est presque impossible, disait-il, de pouvoir converser « avec M. Chomel, il faut toujours, avec lui, ou louer ou se « taire ; il ne peut pas souffrir qu'on l'entretienne des actions « criminelles, même les plus publiques. »

Mais c'est l'amour pour les pauvres qui constitue principalement la charité. L'intérêt, l'ambition, la vanité peuvent nous attacher aux riches, aux grands de la terre ; la sympathie, la conformité des humeurs, les qualités personnelles peuvent nous faire aimer nos égaux et nos inférieurs ; la nature peut nous lier avec nos proches ; mais chérir des pauvres, des indigents de qui on ne peut espérer dans le monde aucun genre de service, mais les chérir avec autant de tendresse qu'une mère chérit ses enfants, être touché de compassion pour leurs maux, employer tout ce que le zèle le plus actif peut inspirer de moyens pour les soulager, sacrifier sans faste, sans ostentation, à leur bonheur son repos, sa tranquillité, ses goûts, être dans la disposition de tout souffrir pour leur procurer les secours nécessaires, ne se proposer jamais leur reconnaissance, mais uniquement de plaire à Dieu, et malgré leur injustice, leur ingratitude, leur mépris même, se montrer toujours également sensible à leurs peines, et également empressé de les secourir, c'est un héroïsme au-dessus des forces de l'homme, que Dieu seul peut faire naître et entretenir dans un cœur. Voilà quelle fut la charité de M. Chomel.

Comblé des bienfaits de son Dieu, par quels efforts pourra-t-il lui en témoigner sa reconnaissance? En faisant tout le bien qui dépendra de lui aux pauvres, qui sont ses membres, qui vivent dans un état plus semblable à celui où il a voulu vivre sur la terre, et qui sont chéris de lui d'une manière si particulière. Incapable d'ailleurs, selon lui, de pratiquer comme il faut aucune vertu, Dieu qui a attaché tant et de si grandes récompenses à l'aumône, lui fera peut-être miséricorde, s'il aura été lui-même miséricordieux envers ses frères. Tel fut le principe de son amour pour eux.

Dès qu'il fut irrévocablement fixé à Annonay, il se consacra entièrement à les servir. Il existe encore une de ses lettres, peu de temps après son retour de Paris, à son frère Théodore, qu'il y avait laissé, où il le prie vivement de s'intéresser auprès d'une personne qu'il lui nomme, pour une pauvre d'Annonay. Il lui allègue les motifs les plus puissants, pour l'engager à cette bonne œuvre, l'amour de Dieu, la charité du prochain, la reconnaissance de cette femme, qui ne cesserait, elle et toute sa famille, de prier pour lui.

Ses manières douces et affables avec eux, et tous ces petits soins que l'amitié inspire et que la charité exige, qu'il employait à leur égard, le firent dans peu de temps connaître de tous les pauvres de la ville, et bientôt ils le regardèrent comme leur protecteur et leur ami. Depuis ce moment jusqu'à celui de sa dernière maladie, à peine put-il suffire à recevoir les visites empressées de ceux qui venaient chercher auprès de lui une consolation, et il ne paraissait en aucun endroit qu'il ne fut aussitôt assailli par une foule de malheureux.

Toujours prêt à les recevoir, toujours facile à les écouter, il ne pouvait souffrir que la porte d'entrée de la maison fut fermée, ni celle des lieux qui conduisaient à sa chambre ; il avait soin de les ouvrir, parce qu'il craignait, ou qu'ennuyé des visites trop fréquentes qu'ils lui faisaient, on ne les rebutât lorsqu'ils se présenteraient, ou qu'ils n'osassent pas eux-mêmes frapper, et qu'ils se retirassent sans pouvoir lui exposer leurs misères. Vainement son frère et sa belle-sœur lui avaient-ils représenté plusieurs fois le danger où il les mettait d'être volés, en laissant leur maison toujours ouverte, et en permettant aux pauvres de pénétrer partout ; des craintes aussi raisonnables n'avaient pu le corriger.

Il leur avait bien indiqué l'heure à laquelle ils pourraient plus facilement le trouver ; mais des nouvelles circonstances amenaient souvent de nouveaux besoins ; et c'était une peine réelle pour lui de n'être pas à la maison lorsqu'ils le demandaient, et qu'ils fussent obligés de le venir chercher plusieurs fois pour le même objet. Il renonça par cette raison, à faire toutes ses prières dans l'église, quoiqu'il y trouva la plus douce satisfaction. Il faisait les plus longues dans sa chambre, et il les interrompait, sans aucun scrupule, dès qu'ils se présentaient.

Quelles que fussent ses occupations, toujours il leur parlait avec la même bonté ; il les écoutait avec la même patience ; il leur répondait avec la même douceur. On l'a vu souvent retourner chez soi si las et si épuisé de fatigues, qu'on ne croyait pas qu'il put monter à sa chambre ; cependant il restait encore debout des heures entières à la porte pour parler à des pauvres qui l'y attendaient.

Jamais il en rebuta un seul, et il ne leur fit acheter de faibles secours aux dépens d'une confession accablante et quelquefois pire que la pauvreté même. Honnête avec eux, il semblait envier, en quelque sorte, leur état : il avait pour eux de l'estime èt du respect qu'il faisait paraître en les honorant et les saluant le premier avec beaucoup d'humilité dans toutes les rencontres, comme si c'eût été Notre-Seigneur Jésus-Christ qu'il saluait, et en parlant d'eux toujours avec attendrissement, avec pitié, et jamais avec mépris.

Tous lui étaient connus, il savait leur nom, leur demeure, leur situation. Chaque jour il destinait au moins deux heures à les visiter, et bien plus longtemps, quand leurs besoins l'exigeaient. Il les fortifiait par ses discours ; il leur apprenait à sanctifier leurs maux ; il leur inspirait de vifs sentiments de componction ; il les instruisait des voies du salut lorsqu'ils les ignoraient, ou qu'ils les avaient abandonnées ; et il s'efforçait sans cesse de jeter, dans leurs cœurs, quelques étincelles de l'amour divin dont le sien était embrasé.

Plusieurs fois la semaine il visitait l'hôpital ; il y allait consoler la maladie et la douleur, parcourant toutes les salles, s'arrêtant à tous les lits, parlant à tous les infirmes, à tous les malades, s'informant de leurs fantaisies, pour tâcher de les satisfaire, s'il était possible, se chargeant de toutes leurs commissions, et les exhortant à la piété, et à respecter les Sœurs qui en prenaient soin. Il finissait par visiter toutes les Sœurs elles-mêmes, pour leur recommander particulièrement la patience ; car il savait mieux que personne combien ceux qui se consacrent à servir les pauvres en ont besoin.

De jeunes militaires qui y étaient détenus par maladie, ennuyés des instances qu'il leur faisait pour les porter à une vie régulière et chrétienne, et à se confesser, prirent un jour l'étrange résolution de chasser ignominieusement ce prêcheur, disaient-ils, éternel, de leur salle, à la première visite qu'il y ferait. Ils ne connaissaient pas encore toute l'autorité de la vertu, et que loin d'elle on forme souvent des projets que sa présence seule fait ensuite évanouir et déconcerte. Mme de Chateauneuf, alors supérieure de l'Hôpital, cette fille pieuse, humaine, compatissante, qui avait toutes les vertus de son sexe et toute la fermeté du nôtre, le sût ; elle défendit que l'on empêchât à M. Chomel d'aller dans cette salle et que l'on fit aucun reproche aux soldats, qui avaient renouvelé depuis plusieurs fois leur projet. L'homme de Dieu arrive ; elle le suit de loin, sans être aperçue, pour courir à son secours, s'il est insulté. On s'attendait à quelque scène. Il paraît devant eux, ils le reçoivent avec empressement, ils l'écoutent avec respect, ils le prient de prolonger sa visite : lorsqu'il est sorti, ils sont étonnés de l'accueil qu'ils lui ont fait ; ils le sont bien plus encore du dessein criminel qu'ils ont pu former ; ils admirent son zèle, sa bonté, sa charité, ils les préconisent ; et l'éloge qu'ils en font est d'autant plus sincère, qu'ayant la franchise de leur état, ils sont également incapables de louer comme de censurer quiconque dans leur esprit ne le mérite pas.

Il visitait plus souvent encore les prisons que l'Hôpital, parce que les prisonniers sont plus délaissés et plus à plaindre. Il s'allait enfermer avec eux dans leurs cachots obscurs et infects, pour y dissiper par sa présence et par ses bienfaits, l'horreur de la solitude et le désespoir des fers. Il savait que si les maux sont l'épreuve et le germe de la vertu, ils n'en deviennent que trop souvent l'écueil. De là il employait tour à tour avec eux le langage de l'insinuation, de la raison, de la foi, de la prière même, pour ramener à la religion des cœurs qui souvent en sont si éloignés, et pour les engager à se soustraire à des supplices plus longs et plus terribles que ceux auxquels les condamneraient les lois humaines. Il procura la conversion de plusieurs.

Tous les hommes sont ses amis, ses frères. Rencontre-t-il quelque pauvre étranger, il lui court au devant, il l'embrasse avec tendresse. Que ne peut-il exercer à son égard l'hospitalité à la manière des anciens patriarches, le recevoir dans sa maison et l'admettre à sa table. Au moins il le conduit dans un endroit où il sera couché, ou, si l'accomplissement de quelque devoir plus essentiel l'en empêche, il le lui indique. Ensuite, la charité est inquiète, la seule appréhension suffit pour alarmer sa tendresse ; ensuite, il va s'informer s'il s'y est présenté ; si on ne l'a pas vu, il en demande des nouvelles à tout le monde, il parcourt toutes les rues, il n'a plus de tranquillité jusqu'à ce qu'il l'ait trouvé et qu'il soit bien assuré qu'il ne passera pas la nuit en plein air.

Mais par quels moyens pouvait-il subvenir à leurs misères? Il avait chez son frère la nourriture, l'entretien et rien de plus : sans propriété, sans état, pauvre lui-même, comment secourait-il la pauvreté? Il déchiffrait très bien les anciennes écritures, on s'adressait de toutes parts à lui pour lui faire lire et transcrire de vieux parchemins. Il était discret et exact : il exigeait un salaire proportionné à ses peines et aux facultés même des personnes pour qui il travaillait, et il le distribuait en entier aux pauvres, sans se rien réserver pour lui. Mais qu'est-ce que cinq pains, disaient les apôtres à Jésus-Christ, pour donner à manger à une si grande multitude? Qu'était-ce qu'un léger produit, qui arrivait si rarement, pour satisfaire des besoins sans cesse renaissants, des besoins si pressants, si multipliés?

On ne devait pas attendre que la Providence fit un miracle pour y pourvoir ; ces prodiges, elle ne les accomplit que dans le désert, lorsque toute autre ressource manque ; mais ailleurs, en faisant les riches dépositaires de ses trésors, elle les a chargés du soin de secourir et de sustenter les pauvres. Hé bien ! il se fit auprès des riches l'organe des pauvres et l'interprète de leurs besoins ; et il se rendit ainsi dans le sein de sa patrie, mendiant lui-même, pour épargner à ses frères la honte de le devenir

On le voyait sans cesse courir de porte en porte, de maison en maison, pour demander pour les pauvres. Point de personne un peu aisée dans la ville de qui il n'eut sollicité mille fois des secours. Quelque événement qui arriva dans une famille, heureux ou malheureux, il y allait rappeler les avantages et l'excellence de l'aumône. Donnait-on un grand repas, il se présentait aussitôt pour en avoir les débris, ou pour indiquer des gens dans le quartier, dont l'état exigeait les plus prompts secours.

Apprenait-il qu'il y en eut chez des traiteurs, il avait encore le courage de s'y présenter, prétendant qu'il était juste que, dans des dépenses aussi superflues, les pauvres eussent au moins leur écot. Quelquefois on le rebutait, quelquefois aussi on lui donnait, et il se retirait content. L'on sait combien il règne de licence et de liberté dans ces sortes de repas, d'où l'on écarte avec tant de soin toute personne dont le sexe ou l'état, ou le caractère, ou la gravité exige des égards, et ordonne la décence et le respect. Souvent de jeunes étourdis, dans la chaleur du vin, sans doute voulant jouir de son embarras, refusaient opiniâtrement de lui donner, jusqu'à ce qu'il eût bu avec eux, et qu'ils eussent choqué le verre ensemble. Quelque répugnance qu'il y eut, M. Chomel s'y soumettait, afin d'en obtenir quelque chose. Un jour le plaisant du repas mit à prix les verres de vin qu'il boirait et lui promit, pour lui et sa compagnie, vingt-quatre sols par rasade. Il n'avait bu peut-être de sa vie la moitié d'un verre de vin à la fois. Instances, prières, raisons de santé, rien ne fut oublié pour se soustraire à une condition aussi onéreuse pour lui qu'elle était impertinente en elle-même ; mais tout fut inutile. On était trop content de la belle découverte, applaudie de tous les convives, même de ceux qui en gémissaient intérieurement : car, qui oserait contredire dans ces sortes de lieux et de circonstances? Il fallait ou accepter la condition, ou se déterminer à n'avoir rien. Fâcheuse alternative ! Enfin, après avoir beaucoup hésité, il se croit obligé de tenir le marché. Il choisit le plus petit verre. A chaque coup on paye le prix convenu. Il y revint jusqu'à trois fois ; il en aurait bien bu davantage, s'il n'eut craint de passer les bornes de la tempérance et d'offenser Dieu. Il n'est rien qu'on ne lui eut fait faire, les choses même les plus ridicules et les plus basses, pourvu qu'elles n'eussent pas été criminelle, en lui promettant à ce prix, quelque chose pour les pauvres. Il savait, pour leur bien, fouler aux pieds non seulement les vains propos des plaisants, mais encore la fausse crainte du blâme et des mauvaises réceptions. Sans connaître le naturel des étrangers qui arrivaient à Annonay, et sans prévoir l'accueil qu'il en recevrait, il ne manquait jamais de les aller visiter, dans l'espérance d'en retirer quelqu'aumône pour les pauvres.

Des Magistrats nommés par sa Majesté pour examiner, en Vivarais, le différent ordre des Justices, étant venus tenir leurs séances dans cette ville, M. Chomel croyant la circonstance favorable, se hâta de se présenter. On l'introduisit dans la chambre du Chef de la Commission : celui-ci voyant entrer chez lui un homme mal vêtu, sans se déranger de son siège, sans se découvrir, lui demande brusquement quel est le sujet de sa visite. « C'est, lui répondit l'homme de Dieu, tête nue « et avec l'air le plus respectueux, c'est pour implorer votre « charité pour les pauvres de cette ville, qui sont en grand « nombre. » « Et de quel droit, répartit le Président, croyant sans doute que c'était un de ces hommes, comme il s'en trouve, qui, sous prétexte de demander pour les pauvres, ne demandent que pour eux-mêmes, et abusent de la crédulité des étrangers. « De quel droit et par quelle autorité vous avisez- « vous de venir ainsi recueillir les aumônes? » Et sans vouloir l'entendre davantage, il se leva et le mit dehors.

Toutes les fois que l'on ne jugera des hommes que par leurs vêtements, l'on se trouvera exposé à traiter avec cette ignominie la vertu, même la plus héroïque.

Il était aussi en usage de demander à tous les officiers en garnison à Annonay ; il se rendait ordinairement à leur auberge à l'heure de leur dîner. Une fois, il ne s'y en trouva qu'un, qui encore ne le connaissait pas ; il s'en approche, et lui demande, avec instance, pour les pauvres ; l'officier, qui était dans un moment d'humeur, lui donna un soufflet, en lui disant qu'il l'ennuie et qu'il eut à se retirer. L'humble serviteur de Dieu le salua et s'en alla sans répliquer, sans murmurer, sans témoigner le moindre mécontentement, comme s'il en avait reçu l'accueil le plus distingué. A ce spectacle, la maîtresse de l'auberge accourt. « Ah ! Monsieur, qu'avez-vous fait, dit-elle « à l'officier ! C'est le saint de notre ville, et un très grand saint « que vous avez si indignement insulté : je ne voudrais pas, « pour tout mon bien, que cela se fut passé dans ma maison. » L'officier, déjà touché de son humilité et de la patience de cet homme de Dieu, lui court aussitôt après, l'atteint à la porte de l'auberge, lui fait les plus grandes excuses de sa brutalité, et lui donne, en réparation, une grosse aumône. M. Chomel se retira également content, et de l'opprobre qu'il avait d'abord reçu pour Jésus-Christ, et de l'argent pour les pauvres qu'il lui avait procuré.

L'on doit assez juger combien, s'étant fait un devoir de demander continuellement l'aumône, car il n'y avait pas de jour qu'il n'y consacrât plusieurs heures, l'on doit, dis-je, assez juger combien il dut essuyer d'humiliations, de refus, et de mépris : rien de tout cela ne le rebutait ; il suffisait qu'il obtint quelquefois, pour être toujours aussi ardent à demander. Si on lui disait : telle personne a témoigné de l'envie de faire une aumône, démarches, courses, fatigues, rien ne l'arrêtait ; il partait aussitôt pour l'éprouver. La distance même des lieux ne l'effrayait pas, et quoique épuisé de maladies et qu'il fut du tempérament le plus faible, on lui a vu faire à pied jusqu'à deux à trois lieues, au milieu des froids les plus rigoureux, ou des chaleurs les plus excessives, et cela pour avoir souvent les plus légers secours.

On lui dit un jour qu'une personne qu'on lui nommait, et qui demeurait à une lieue d'Annonay, à Boulieu, se proposait de lui donner pour les pauvres. Il était près de huit heures du soir ; n'importe, il voulait se mettre en chemin dans le moment même pour l'aller voir. Sa sœur, Mme Fournat eut beaucoup de peine à l'en empêcher, et n'y aurait pas réussi, si le père Leorat, qui était son confesseur, ne lui avait pas absolument défendu de faire jamais rien de pareil sans son consentement.

« Mais, ma sœur, lui disait-il, quels reproches n'aurais-je « pas à me faire, si, par ces délais, les pauvres étaient privés « de cette aumône? Doit-on tant compter ce qu'il en coûte, « lorsqu'il s'agit de procurer à des indigents de quoi adoucir « les rigueurs de leur sort? Si je venais à mourir cette nuit, « ce jour où j'aurais négligé l'accomplissement de ce devoir « ne me serait-il pas éternellement imputé? »

L'on admire avec raison ce bon Prince, qui regardait comme un jour perdu, le jour où il n'avait fait du bien à personne. Celui qui met au nombre des jours malheureux de sa vie, des jours dignes de toutes les punitions du ciel, le jour où il n'a pas bravé tous les dangers, franchi tous les obstacles, surmonté toutes les difficultés pour faire ou procurer aux hommes tout le bien qu'il pouvait, serait-il moins digne d'éloges? Les dispositions de M. Chomel étaient-elles moins favorables à l'humanité et à la bienfaisance que celles de l'Empereur Titus? Placez un tel homme dans le centre de l'opulence et des richesses, donnez-lui du crédit, de l'autorité, de la faveur, quel usage n'en ferait-il pas pour le bonheur du monde, et que ne sera-t-on pas en droit d'en attendre?

Si des douleurs trop vives le retenaient dans la ville et l'empêchaient d'aller à la campagne visiter ceux de qui il pouvait recevoir quelque aumône, il tâchait d'y suppléer, en leur écrivant les lettres les plus pressantes. Nous en rapporterons ici une adressée à M. Bollioud de Saint-Julien, receveur général du Clergé de France, qui était alors dans la ville de Bourg-Argental, dont il est seigneur. Nous ne doutons pas que le public applaudisse, avec nous, aux éloges que lui donne M. Chomel, dans cette lettre : « Monsieur, les « habitants d'Annonay sont parfaitement instruits des au- « mônes que vous répandez avec tant d'abondance aux pauvres « du Bourg-Argental et de vos autres terres : ils en parlent « et les admirent en toute occasion, mais, à dire vrai, autant « vos largesses sont-elles étendues envers ceux, Monsieur, « que vous préférez, avec justice, autant font-elles regretter « aux pauvres d'Annonay de n'être pas à portée de se présen- « ter à vos yeux, pour vous exprimer leurs extrêmes besoins « et ceux de leurs malades. Vous savez, Monsieur, que la « charité entreprend tout, c'est ce qui me fait prendre aujour- « d'hui la hardiesse de faire auprès de vous la fonction de leur « avocat. A qui pourrais-je mieux m'adresser qu'à un Sei- « gneur, à qui Dieu a donné de si grands biens, et qu'il a favo- « risé, ce qui est bien plus précieux encore, d'un cœur généreux « et plein de charité pour les pauvres. D'ailleurs, Monsieur, ce « n'est pas la première fois que j'ai pris la liberté de vous « demander pour eux ; plusieurs autres fois vous avez non « seulement exaucé ma hardiesse, mais vous m'avez comblé « de joie par votre charité. Je souhaiterais sincèrement « Monsieur, que mon état me permit de me rendre au Bourg, « pour vous assurer de mes très humbles respects. J'espère « cependant que vous voudrez bien avoir égard à ma demande ; « et dans ce cas, je vous prie de remettre au jeune M. Chomier, « qui me fait la grâce d'être bien de mes amis, ce que vous nous « destinez. Vous engagerez par là, Monsieur, nos pauvres et « nos malades à offrir à Dieu leurs vœux les plus ardents « pour qu'il vous comble de ses dons ; c'est ce que je leur « recommanderai, et ce que je ferai moi-même dans toute « la sincérité de mon cœur, mais quoiqu'il vous plaise, Mon- « sieur, de décider à ce sujet, etc. »

Sa gratitude, quand on lui donnait, égalait l'ardeur qu'il avait d'obtenir ; et l'expression de sa reconnaissance, ses remerciements n'étaient point en lui un langage feint et simulé ; c'était un sentiment très vif du cœur, qui le portait à regarder, comme ses propres bienfaiteurs, les bienfaiteurs des pauvres, à s'intéresser à eux, à prier continuellement pour eux, à les recommander aux prières des autres, et à publier partout leur vertu et leur charité afin de leur attirer la bénédiction de tous les siècles ; il aurait voulu éterniser en quelque sorte, leur mémoire. On en voit la preuve dans ses annales de la ville d'Annonay. Il n'est aucune de ces âmes charitables qui n'y soit rappelée. J'y ai trouvé le nom de ma mère (1) et je n'en ai pas moins été attendri qu'étonné. Femme vraiment vertueuse, vivant dans la retraite, partagée entre les soins de son domestique et l'éducation de ses enfants, toujours livrée à ses devoirs, ne goûtant pas de délassement plus agréable que les moments qu'elle consacrait aux exercices de la religion, elle n'avait rien en apparence qui la distinguât des personnes de son état et de son sexe, et qui la fit apercevoir des hommes. Mais elle était charitable, elle aimait les pauvres, elle ressentait vivement leurs misères ; et par ses qualités respectables, sa mémoire méritait mieux, au jugement de M. Chomel, d'être transmise avec éloge dans l'histoire de sa patrie, que celle de ces femmes du monde que les charmes de leur figure et les efforts qu'elles font pour l'embellir, que le désir de plaire et le goût pour les plaisirs donnent en spectacle à toute une ville, dont on vante tant les agréments, dont on parle tant, quoique si diversement, et qui survivent presque toujours à leur réputation, et finissent, de leur vivant même par être aussi entièrement oubliées qu'elles avaient été hautement célébrées et applaudies.

Que dis-je ! les artisans les plus obscurs brillent dans ses annales, s'ils étaient reconnus pour être charitables. Les Protestants eux-mêmes, quoique morts dans leur opiniâtreté, y sont loués ; s'ils ont aimé les pauvres. Il semble que

(1) « En ce temps est morte demoiselle Marie-Anne Desfrançois, « épouse de sieur Jean-Antoine Levrat, femme très recommandable « par toutes sortes de bonnes qualités, mais surtout par une charité « très ardente envers les pauvres, dont elle ressentait en elle-même « toutes les misères... Dieu veuille l'en récompenser dans toute la « bienheureuse éternité. » *(Annales d'Annonay*, page 622.)

la charité couvrait à ses yeux tous les défauts, et suppléait à toutes les autres qualités.

Facile à s'attendrir sur le sort des malheureux, il sentait toutes les misères dont il voyait le spectacle, dont il entendait le récit ; son cœur s'ouvrait à la douleur, et rien ne lui coutait davantage que d'être quelquefois hors d'état de les secourir. Il tombait dans une tristesse extrême. C'est alors qu'il vendait ce qu'il estimait le plus dans son pauvre mobilier, une Somme de saint Thomas qu'il lisait tous les jours (1), des livres de droit qu'il consultait souvent, et dont il aimait l'étude ; c'est alors qu'à défaut d'autres ressources, il se privait de ses repas, et se réduisait à ne vivre que de pain, pour avoir de quoi les soulager.

Plus de vingt ans avant sa mort, il ne se mettait presque plus à table pour prendre ses repas ; il se rendait à l'heure, mangeait dans le même salon sur un buffet et debout. Le prétexte était que son incommodité ne lui permettait que difficilement de s'asseoir. Il avait consenti que pendant le temps du repas, la porte de la maison serait fermée, à condition néanmoins qu'il en serait le portier. Dès qu'il entendait heurter, il allait ouvrir et portait sur son assiette ou dans un plat, ce qu'on lui avait servi. Si c'était des pauvres qui fussent dans un besoin un peu pressant, et qu'il ne put pas les secourir aussi abondamment qu'il aurait désiré, il leur donnait sa portion en entier, ou il la partageait avec eux ; il rentrait ensuite, et feignait de manger aussi longtemps qu'à son ordinaire sans rien demander davantage, ni vouloir même accepter ce qu'on lui offrait, quand il aurait eu encore le plus grand appétit : car il ne donnait que ce qu'il se sentait bien dans la disposition de manger ; autrement, il aurait cru faire l'aumône du bien d'autrui et aux dépens de son frère. Lorsqu'on s'en apercevait, on lui en faisait des reproches, et on le servait de nouveau ; mais il prenait si bien ses précautions, que quoique ces mortifications là fussent fréquentes, on les découvrait rarement.

---

(1) N'est-il pas remarquable que Chomel dont la vie était absorbée par la pratique de la charité fut si intéressé aux doctrines de saint Thomas assez négligées alors et qui ont été remises récemment en honneur sous le pontificat de Léon XIII, par les efforts du cardinal Mercier (B. C.).

La conservation des pauvres ne l'occupait pas moins que leur nourriture. Quand il allait dans leur maison, et qu'il les voyait pendant un hiver rigoureux, sans lit, sans couverture, point ou mal vêtus, il était vivement pénétré de leur misère et très éloquent à la dépeindre aux autres. Il allait de boutique en boutique demander de l'étoffe pour habiller celui-ci, de la toile pour faire des chemises à celui-là, des couvertures pour les lits des autres, et souvent on les lui accordait ; car, dans ses Annales, il rend cette justice aux négociants d'Annonay, que, malgré un luxe corrupteur, dont les progrès effrayants forcent presque aujourd'hui de joindre l'avarice au faste, et enorgueillissent et endurcissent les cœurs, ils sont très charitables.

Les secours qu'il a procurés aux pauvres dans ce genre sont innombrables. A la quête de l'argent, des étoffes, il joignait celle des denrées de différentes espèces, qu'il faisait dans les temps de l'année où on les recueille. Peu jaloux d'acquérir la gloire de tout faire seul, il s'associait des aides qui voulaient bien coopérer à ses bonnes œuvres ; et c'était presque toujours des personnes du sexe le plus vertueux, comme le plus tendre, qui tournant vers la piété, cette sensibilité que leur a donné la nature, étaient plus disposées à le seconder dans ces sortes de soins. Chez l'une, il déposait les pommes de terre qu'on lui avait données, chez l'autre, la paille ; ailleurs le bois, les vieux habits. La maison de son frère n'aurait jamais suffi pour renfermer tout cela, et on y était déjà assez importuné du concours continuel des pauvres, qui en assiégeaient sans cesse la porte et le vestibule.

Il est vrai qu'avec lui, les provisions les plus abondantes étaient bientôt épuisées. Sa confiance dans la Providence, sa compassion pour les malheureux ne lui auraient pas permis de refuser de satisfaire des besoins réels et pressants, sous le prétexte de nécessités plus urgentes, que l'on prévoyait dans un avenir toujours incertain, et dont la peine seule de se dessaisir de ce qu'on a en sa disposition, fait souvent imaginer la possibilité et exagérer l'étendue. Il goûtait trop de satisfaction à répandre, pour pouvoir en différer longtemps le délicieux plaisir. Là où il croyait les besoins réels, les secours étaient toujours prompts.

Les pauvres connaissaient bien tout l'empressement qu'il avait de les secourir ; des filles ou des femmes, d'une vertu suspecte, s'en étaient fréquemment prévalues. Rien ne coûte aux personnes de ce caractère, surtout en matière de dissimulation et d'artifices. Elles venaient visiter M. Chomel ; elles commençaient à lui raconter l'excès de leur misère, puis tout à coup, elles fondaient en pleurs. Leurs larmes faisaient toujours la plus vive émotion sur son cœur, quelqu'accoutumé qu'il fut à en voir répandre. Il leur en demandait le sujet ; elles feignaient de refuser de le lui dire ; nouvelles instances, nouveaux refus ; enfin, elles se laissaient gagner à ses sollicitations, par une suite de la confiance qu'elles avaient en lui, bien assurées d'ailleurs de sa discrétion ; elles voulaient, disaient-elles, ne lui rien cacher, et puis elles lui apprenaient d'une voix entrecoupée de soupirs et d'un air d'ingénuité, qui pouvait en imposer à un homme incapable de soupçonner le mal, qu'elles étaient sollicitées au crime par des malheureux qui leur promettaient argent, étoffes, meubles, tout ce qu'elles voudraient ; que sur le refus qu'elles avaient fait de consentir à leurs desseins criminels, ils leur avaient annoncé de prochaines visites, où ils se flattaient de trouver plus de complaisance ; qu'elles espéraient bien leur résister jusqu'à la fin, mais qu'il fallait convenir qu'elles étaient à plaindre d'être exposées, par leur misère, à entendre de pareilles propositions.

La vertu simple et sincère juge des autres par elle-même ; c'est presque toujours notre propre obliquité qui nous instruit à la défiance ; on est moins en garde contre la fraude et l'artifice, quand on a jamais fait usage que de la droiture et de la simplicité ; et les justes sont plus exposés a être surpris, parce qu'ils ignorent eux-mêmes l'art de surprendre.

Effrayé à leur récit, l'homme de Dieu leur dépeignait, avec cette force que donne l'horreur du péché, les suites funestes qu'aurait leur faiblesse, qui, dès le premier pas, les entraînerait inévitablement dans un gouffre de malheurs ; et comme il craignait néanmoins que dans un siècle aussi dissolu, la pauvreté ne les précipitât dans le libertinage, il leur donnait tout ce qu'il pouvait, il multipliait les exhortations, les visites, les secours de tous genres. Si, malgré tous ses efforts, elles se livraient aux dérèglements, et souvent même longtemps avant de lui avoir parlé, elles s'y étaient abandonnées, il craignait de ne leur avoir pas assez donné, de n'avoir pas assez fait de démarches auprès d'elles pour prévenir et empêcher des choses qui le pénétraient de la plus vive douleur.

C'est le propre de la vertu d'être compatissante, même pour les coupables. Dans cet état, quoiqu'elles l'eussent souvent indignement trompé, il ne cessait pas de les secourir ; et dans ces circonstances, il tenait toujours la même conduite avec tous les autres pauvres. Une personne lui reprochait qu'il faisait l'aumône à des gens qui étaient dans la misère par leur faute, et dont la conduite n'était guère chrétienne, il lui répondit : « Eh ! quoi ! faudra-t-il donc les laisser périr de « faim? Vous convenez qu'ils manquent de tout, n'est-ce pas « assez pour qu'on doive voler à leur secours? S'agit-il tant « de considérer dans ce moment leur conduite que leur indi- « gence? Le Samaritain de l'Évangile, dont Jésus-Christ « lui-même nous a proposé le modèle, ne s'approcha-t-il pas « du blessé dès qu'il l'aperçut? Considéra-t-il ni son pays, ni « sa religion, ni son caractère? A la vue de son mal, il ne songea « qu'au remède, et il lui suffit que ses soins lui fussent néces- « saires pour les lui prodiguer. Ainsi la vraie charité ne fait « aucune distinction de personnes. Connu ou inconnu, étran- « ger ou domestique de la foi, pécheur ou juste, tout est « prochain dès que nous sommes dans l'occasion de le servir « et que nous le pouvons. »

Il était d'une droiture incapable de défiance : ni la porte, ni les armoires de sa chambre n'étaient fermées. Tout le monde y avait un libre accès. Souvent on ne l'y rencontrait pas. Ses jeunes neveux et les autres jeunes gens profitaient alors de son éloignement pour fureter partout, même jusque dans son lit, pour savoir comment il était couché. Un jour, un écolier s'y trouvant seul, fait l'inventaire ordinaire. Arrivé à une armoire, il y voit de l'argent, il le contemple, le prend, le compte : s'il se l'approprie, le voilà riche, le voilà en état d'être de toutes les parties, de tous les jeux de ses camarades. En le ménageant comme il faut, il en aura pour longtemps ; qui sait même s'il ne gagnera pas assez pour le restituer dans quelques jours. Que peut-il risquer? Personne ne l'a vu entrer, et il prendra si bien ses précautions, qu'on ne le verra pas sortir. Quelle tentation pour un jeune homme qui n'avait point ou que fort peu d'argent ! Il y succombe : eh ! le moyen de résister quand on s'engage aussi volontairement dans l'occasion. Peu de temps après, M. Chomel de retour, court à son armoire pour avoir de quoi faire l'aumône à un pauvre de qui il s'était fait suivre, et qui l'attendait à la porte de la maison. O douleur ! il ne trouve rien ; les perquisitions les plus exactes sont inutiles ; l'argent a été pris. Quelle somme y avait-il? il l'ignore. Comment le restituer? autre embarras, il n'a rien qui lui appartienne. C'est par son imprudence pourtant que cela est arrivé, et il faudra que les indigents en souffrent. Chaque pauvre qu'il rencontre et à qui il est obligé de refuser, lui reproche sa faute et ajoute à sa peine, il ne peut se consoler. Dieu ne permît pas qu'il demeurât longtemps dans une situation aussi inquiétante. Heureusement, le jeune voleur avait des principes de vertu. Soit que pressé par ses remords, il se décela lui-même ; soit qu'à force de recherches il fut découvert, il avoua tout, il restitua tout, et l'homme de Dieu devint désormais un peu plus précautionné.

Croit-on qu'après une vie si constamment employée dans l'exercice de la charité, on pût avoir des inquiétudes sur l'accomplissement de cette vertu? Il en avait cependant, et il fallait que ses directeurs rassurassent sa conscience alarmée sur la transgression de ce précepte. Si une seule fois il avait différé, paru négliger une œuvre de charité, quoique même il n'y eut pas de sa faute, et que par ses délais involontaires il eut perdu l'occasion de la pratiquer, c'était à ses yeux une dureté affreuse, un crime qui lui serait peut-être reproché par les pauvres, comme au mauvais riche par Lazare, pendant toute une éternité.

Cependant, son tendre amour pour eux était si universellement reconnu, que dès qu'on avait une aumône un peu considérable à leur faire, ou il était consulté, ou on la leur faisait passer par ses mains. Les Pasteurs eux-mêmes, se félicitant qu'un homme de cette vertu voulut bien se dévouer à cette œuvre, entretenaient par leurs exemples, et par leurs discours, la confiance que leurs paroissiens avaient en lui. Plusieurs maisons de la ville se déchargeaient uniquement sur lui de ces soins et lui donnaient tant par mois. Il avait une liste de ces bienfaiteurs des pauvres, et il ne manquait jamais d'aller recueillir, au commencement de chaque mois, ces pensions libres et volontaires. Si on eût demandé quelle charge il occupait dans sa patrie, on aurait pu répondre, une charge créée par la confiance publique pour lui seul, la charge honorable de distributeur général des aumônes particulières des citoyens d'Annonay.

En un mot, il était toujours occupé des pauvres, de leurs misères, de leurs nécessités. Il avait une espèce d'ambition pour eux, qui lui faisait désirer de les voir tous dans une aisance honnête et conforme à leur état ; leurs maladies étaient ses maladies, leurs besoins étaient ses besoins, leur intérêt était son propre intérêt ; il ne vivait et ne respirait que pour eux.

Les philosophes du siècle, qui, en travaillant à détruire la religion, travaillent à ôter au malheur sa consolation et à la vertu le principe de sa force et de son courage, pour calmer l'horreur que doit inspirer à des âmes sensibles leur affreuse doctrine, ne prêchent que l'humanité, la bienfaisance, la nécessité de secourir ses semblables ; et afin de porter à ces vertus, ils font valoir la gratitude du pauvre que l'on soulage, les sentiments d'amour qui s'élèvent dans son âme pour ses bienfaiteurs, et qu'il tâche d'inspirer à ses enfants, et la mémoire éternelle qu'il en conserve. Motif impuissant ! La charité de quiconque ne se déterminera à faire du bien que par cet espoir, sera souvent rallentie. Car combien n'est-il pas des pauvres aux cœurs desquels la reconnaissance est un sentiment étranger, qui, en profitant du bienfait, pensent peu à la main libérale de qui ils le tiennent, ou n'y pensent que pour en déprimer le prix et en blâmer, avec chagrin, la médiocrité et la nature ; et peut-être est-il aussi rare d'en trouver de contents, sur qui puissent se reposer les bénédictions de Jésus-Christ, que des riches humbles, charitables et mortifiés, qui n'aient point de part à ses anathèmes. Aussi, l'Évangile, qui connaît bien mieux le cœur de l'homme que tous ces grands raisonneurs, et qui voulait établir le précepte de l'aumône d'une manière plus efficace, ne nous propose-t-il point d'autre récompense que des récompenses éternelles. « Faites du bien « aux hommes sans faste, sans ostentation. Votre Père Céleste, « qui est dans le ciel, vous en récompensera. J'ai eu faim et

« vous m'avez donné à manger, j'étais nu et vous m'avez « donné des habits.

« En vérité, je vous le dis, toutes les fois que vous l'avez fait au « moindre de vos frères, c'est à moi-même que vous l'avez fait. »

Tels furent les motifs qui dirigèrent la charité de M. Chomel. De là, toujours égale, soit qu'elle tombât dans des cœurs reconnaissants ou non, elle ne fut jamais refroidie, ni par le mépris des pauvres, ni par leur dédain, ni par les injures qu'il en reçut quelquefois. Se l'imaginerait-on? Ce fut souvent l'unique récompense qu'il remporta de la tendresse et de l'activité de ses soins pour eux.

Sa patience.

Les uns lui reprochaient qu'il donnait sans choix avec prévention, à qui il lui plaisait, sans avoir égard aux véritables besoins ; les autres qu'au fond ce n'était pas son argent qu'il distribuait, mais celui d'autrui, et qu'il ne lui en avaient point d'obligation, comme s'il n'y avait pas plus de mérite encore de leur donner un argent qu'il n'obtenait qu'à force de sollicitations et de constance, que s'il ne leur eût offert que les restes de sa vanité ou même le superflu de sa fortune.

M. Chomel qui voyait dans leurs murmures et leur colère beaucoup de péchés, n'épargnait ni soins, ni prévenances, ni témoignages d'amitié pour les adoucir : il se justifiait, il leur promettait de tâcher de faire mieux dans la suite. Toutes ces représentations les rendaient inexcusables, mais elles ne les rendaient pas meilleurs : souvent au contraire, ils en devenaient plus insolents, et ils portèrent quelquefois l'audace jusqu'à le frapper de la manière la plus injurieuse.

Un de ses neveux surprit une fois une femme qui lui donnait un soufflet. Il vole sur elle pour punir son insolence ; il ne peut l'atteindre ; et son oncle qui l'avait appelé vainement, blâmait encore à son retour son indignation, et voulait excuser l'action de cette quémandeuse, rejetant sur sa situation cette saillie, selon lui involontaire, ajoutant qu'elle ne lui avait point fait mal et qu'il fallait beaucoup en passer à des indigents et à des malheureux.

On a vu d'autres pauvres le jeter à terre à coups de pied, à coups de poing ; l'homme de Dieu souffrait ces mauvais traitements avec tranquillité, se relevait sans se plaindre et comme s'il fut tombé par accident, ramassait sa perruque, son chapeau et son bâton, les appelait et continuait comme auparavant sa conversation avec eux, il s'humiliait même à proportion qu'ils l'outrageaient davantage : souvent il doublait l'aumône qu'il leur avait faite, comme pour les récompenser de leurs injures, ce moyen avait réussi à plusieurs.

Ces scènes se passaient à la porte de la maison de son frère, ou dans les rues : il n'aurait eu qu'à crier et tout le monde serait accouru à son secours ; mais au contraire rien ne le désespérait plus que les pauvres fussent aperçus lorsqu'ils l'outrageaient de la sorte : il les avertissait lui-même, il les faisait fuir, et jamais on ne pouvait l'engager à les nommer, si on n'avait pu les reconnaître.

Une de ces insolentes, après l'avoir outragé cruellement, finit par lui dire qu'il était un mauvais sujet et qu'il ne valait pas mieux que sa race : il fut indigné intérieurement de ce propos, il convenait qu'il n'était que trop vrai en ce qui le regardait, mais pourquoi confondre sa famille avec lui ? méritait-elle d'être traitée avec ce mépris ? Il ne répond rien à cette insulte, c'était sa coutume, mais il résista au mouvement qui le portait à doubler l'aumône qu'il avait faite à cette malheureuse ; à peine l'eût-il quittée que réfléchissant sur ce qui venait de se passer, il se persuada qu'il y avait eu du ressentiment dans sa conduite et qu'il avait manqué à la grâce. Dans son inquiétude, il court chez sa sœur Fournat pour lui décharger son cœur et lui demander ce qu'il doit faire pour réparer sa faute. « Cela « une faute, mon frère ? lui répondit Madame Fournat, vous « n'y pensez pas : Eh quoi ! vous voulez donc autoriser les « pauvres à vous insulter et à s'élever ainsi contre la Provi- « dence, des bienfaits de laquelle ils doivent respecter en vous « le dispensateur et le ministre. » Il avait peine à en convenir.

Son humilité.

Si on a surpris trois ou quatre fois les pauvres lorsqu'ils l'outrageaient de la sorte, on doit juger combien fréquemment ils ont dû le faire. Car, respecté comme il l'était, ils se seraient bien donnés de garde de l'insulter en présence de quelqu'un, ils prenaient toujours les plus grandes précautions pour n'être pas aperçus. Peut-être quelqu'un de nos lecteurs, en voyant la patience que M. Chomel montrait dans ces occasions, sera-t-il tenté de penser qu'il était devenu insensible, et cherchera-t-il, par là à diminuer les sentiments d'admiration qu'inspire à son égard une pareille conduite : qu'il se désabuse, ce n'était qu'en faisant beaucoup de violence à son caractère naturellement vif, qu'il pouvait se surmonter. Mais le souvenir toujours présent à son esprit des souffrances de son divin Maître et des opprobres dont il avait été couvert, la conviction où il était d'ailleurs de son néant et de sa misère lui adoucissait tous ces outrages, les lui faisait supporter avec patience, c'est trop peu dire avec joie même : il en méritait, disait-il, bien davantage, et il y avait tout lieu d'espérer que Dieu pardonnerait facilement à ces pauvres qui l'injuriaient, leurs vivacités et leur colère à son égard, à cause de la bonne œuvre qu'ils faisaient en l'humiliant et en le punissant de son orgueil et de ses autres péchés.

C'est ainsi qu'il s'en expliquait à ses confesseurs et aux autres personnes à qui il parlait avec confiance de l'état de son âme, qui lui laissaient tout dire et feignaient de tout croire afin de conserver toujours le même ascendant sur son esprit et qu'il ne s'allât pas imaginer que la bonne opinion qu'ils avaient de lui les aveuglait sur ses défauts, se regardant comme le plus grand pécheur et l'homme peut-être le plus méprisable qu'il y eût au monde, il leur accusait les fautes les plus légères avec une humilité et un repentir qui eût pu faire penser que c'étaient les crimes les plus horribles. Point de forfait si affreux dont à l'en croire, il ne se fût rendu coupable ; si la grâce par une miséricorde ineffable qu'il méritait si peu, ne l'eût soutenu sans cesse sur le bord de cet abîme où son malheureux penchant l'entraînait avec tant de rapidité. Vous, catholiques et protestants, vous, grands et petits, riches et pauvres qu'il a fréquentés ; vous ses proches, ses amis avec qui il vivait dans une si étroite intimité, vous ses directeurs, ses confesseurs, vous enfin domestiques de la maison où il demeurait, ou de celles qu'il hantait le plus familièrement, dont les jugements sont peut-être l'épreuve la plus sûre et la plus difficile de la vertu des maîtres : je vous interpelle tous ici, qui que vous puissiez être, dites-nous si dans le commerce le plus suivi, si dans la plus entière liberté, si dans les confidences de seul à seul, si, dans le secret de son cœur, si dans quelque temps que ce soit vous avez surpris en lui quelques mouvements de vaine gloire ; si vous lui avez jamais vu faire aucune action ou entendu proférer aucune parole qui sentit le faste, l'orgueil ou la vanité, et qui souvent, au contraire, ne tendit à l'humilier. Une de ses sœurs lui disait plaisamment à ce sujet : « Je crois, mon frère, que si Dieu vous ouvrait le « ciel et que vous fussiez à la porte du paradis, vous vous « excuseriez encore sur votre indignité d'y entrer. »

A le voir, à l'entendre, à suivre sa conduite, on jugeait facilement jusqu'à quel point il portait la vertu de l'humilité la plus pénible peut-être de celles que prescrit l'Évangile, comme elle est la plus nécessaire ; partout il se mettait à la dernière place, il s'abaissait devant tout le monde, il prévenait tout le monde par les marques de l'honnêteté la plus cordiale et la plus humble.

Son esprit de pauvreté.

La manière de se mettre dénote toujours le caractère des personnes. Des étoffes communes et grossières et d'une couleur obscure formaient ses vêtements. Ce n'était qu'avec peine qu'on pouvait le déterminer à porter des habits neufs ; des choses qui avaient déjà servi à d'autres étaient assez bonnes pour lui ; plus ses habits étaient en mauvais état et conformes à ceux du peuple, plus ils lui plaisaient. Quand ils étaient déchirés, il les rapiéçait lui-même, et il était aisé de s'en apercevoir ; il les portait alors avec plus de satisfaction, parce qu'il pratiquait par là plus exactement la pauvreté. Souvent aussi fut-il pris pour un pauvre par les étrangers qui ne le connaissaient pas ; il s'en réjouissait alors ; car on peut dire avec vérité que l'amour qu'il portait à la pauvreté égalait la passion qu'ont les personnes du monde les plus ambitieuses et les plus avares pour les grandeurs du siècle et pour les richesses de la terre.

Autant il était avide d'humiliations, autant il redoutait les louanges. Il ne répondait point à celles qu'on lui donnait, parce qu'il s'était aperçu que le silence, dans ces occasions, était le moyen le plus efficace pour les réprimer. Il s'efforçait cependant de détourner adroitement la conversation ; s'il ne pouvait pas y réussir et que les éloges continuassent, il abrégeait sa visite et se retirait. La peine que lui causaient les louanges, était si visible qu'en général, ceux qui le connaissaient prenaient ordinairement autant de précaution, pour ne rien dire en sa présence qui put faire son éloge, qu'on en prend ordinairement dans une société honnête, pour ne rien dire qui puisse blesser l'amour propre de ceux qui nous écoutent.

Considération dont il jouissait.

Il jouissait de l'estime et du respect universel, non seulement à Annonay, mais à plusieurs lieues aux environs où le bruit de sa sainteté avait pénétré. Tout le monde le révérait, l'honorait et l'aimait. Comme il n'y avait personne qu'il ne plaça au-dessus de lui dans son esprit et que l'on en était convaincu, personne aussi ne lui disputait la première place dans son cœur ; on convenait sans peine qu'il avait plus de perfection, plus de mérite que soi. Les gens les plus livrés au monde et à la dissipation, les gens les moins mortifiés ne pouvaient s'empêcher de l'admirer ; et s'ils étaient loin d'imiter ce beau modèle, ils sentaient au moins combien il aurait importé à leur bonheur de lui ressembler. « Je donnerais volontiers, disait un ancien militaire des plus qualifiés de la ville (1), tout au monde pour troquer mon âme avec celle de ce saint-là. » C'était le langage des grands et des petits, des jeunes et des vieux, des dévôts et de ceux qui ne l'étaient pas ; il réunissait tous les suffrages. Sa simplicité, sa modestie, son aménité, et je ne sais quoi de pénitent et de saint, qui était répandu sur toute sa personne, pénétrait d'un

(1) M. de la Sagne de Monteil, chevalier de Saint-Louis, ancien lieutenant-colonel.

sentiment religieux, dont il était impossible de se défendre. Quand il se présentait dans quelque maison, on eût dit, à l'empressement avec lequel il était reçu, qu'en y entrant, il allait apporter toutes les bénédictions du ciel.

Pour le distinguer des autres Chomel fort nombreux à Annonay, le peuple lui avait donné le surnom de dévôt, et l'on pouvait lui appliquer avec raison ces deux vers de l'épitaphe du Père Gourdan dans l'église de Saint-Victor, à Paris :

Sanctum vox populi nostra clamabat in urbe;
Si vitam inspicias, vox populi ipsa Dei est.

« La voix du peuple l'avait surnommé le saint dans notre « ville ; si vous considérez sa conduite. La voix du peuple « est la voix même de Dieu. »

Il n'était plus désigné que par ce surnom. Souvent des étrangers qui ne le connaissaient pas, l'étaient venus demander, en lui parlant à lui-même, sous cette dénomination, il y répondait sans paraître y faire attention, se persuadant presque que c'était par dérision qu'on le nommait de la sorte. Si les marques de respect qu'on lui rendait étaient trop visibles, pour qu'il pût se les dissimuler à lui-même, il s'indignait qu'on pensât ainsi sur son compte, il admirait combien il fallait que la charité fut indulgente pour aveugler jusqu'à ce point-là, il était heureux de n'être pas connu. Si on le voyait tel qu'il croyait être, qu'on serait étonné d'avoir pu former de lui un jugement si avantageux.

C'était peut-être le seul article où il ne déférât pas à l'avis d'autrui. Dans toutes les autres occasions, avec quelque force qu'il eût adopté un sentiment, quelque raison qu'il crût avoir de la préférer, si après en avoir développé les motifs on ne se rendait pas, il adoptait alors celui des autres avec la docilité d'un enfant, ou bien il se taisait ; on n'avait pas à craindre, en conversant, ni en vivant avec lui, d'offenser par quelques paroles inconsidérément prononcées, ou par quelque défaut involontaire d'attention, la sensibilité d'un amour propre toujour exigeant, toujours inquiet, que tout irrite, que l'on calme ensuite et que l'on fléchit si difficilement. Sans prétention aucune l'on avait toujours pour lui mille fois plus d'égard qu'il ne croyait en mériter.

Son esprit de famille.

Pendant près de cinquante ans qu'il vécut avec son frère et sa belle-sœur, aucun nuage n'obscurcit un moment l'étroite union qui régnait entre eux. Il dissimulait ou excusait leurs défauts, il compatissait à leurs peines, il cherchait à les adoucir. Telle était aussi constamment sa conduite avec ses neveux, ses nièces et les domestiques. Il n'y avait pas jusqu'aux enfants à qui il ne donnât des preuves de son affection, conversant et se familiarisant quelquefois avec eux, et autorisant sa conduite par celle de Jésus-Christ. « Heureux âge, « disait-il, où l'on est sans péché ! que le sort de ces enfants « est digne d'envie ! Que je voudrais bien leur ressembler ! « Comme ils sont dignes de la compassion du Ciel par leur « innocence ! » Il avait confiance en leurs prières et il ne cessait de s'y recommander.

« L'empire de l'homme sur les animaux, dit M. de Buffon « est un empire légitime qu'aucune révolution ne peut « détruire. C'est l'empire de l'esprit sur la matière, un pou- « voir fondé sur des lois inaltérables, un don de Dieu... C'est « par supériorité de nature que l'homme règne et commande, « il pense, et dès lors, il est maître des êtres qui ne pensent « point...

Mais toute espèce d'empire doit être exercé avec douceur et modération : « N'ayez, disait M. Chomel, n'ayez des ani- « maux qu'autant qu'ils vous sont nécessaires ; mais prenez « soin de ceux que vous avez, prévenez leurs besoins puisqu'ils « ne peuvent pas les exposer. Il y a de la cruauté de les faire « servir à son usage, ou à son amusement, et de les maltraiter « ensuite, de les excéder de fatigue et de les laisser périr de « faim. » Faire des bêtes des idoles pour lesquelles on aura parfois plus de complaisance que pour des personnes qui devraient être chères, et dont on prendra plus de soin que des pauvres, qui sont les membres de Jésus-Christ, c'est une passion extravagante qui avilit la dignité d'une âme faite à l'image de Dieu, et que la nature et la religion réprouvent : mais leur faire du mal sans sujet, leur refuser une nourriture et des attentions nécessaires, c'est une dureté condamnée par nos Livres Saints eux-mêmes, qui veulent qu'on se mette en peine (1), c'est-à-dire qu'on ait du soin des bêtes que l'on a à son service et c'est une observation de tous les temps, que ceux qui sont cruels envers les animaux, le sont aussi ordinairement envers les hommes.

Son amour de la retraite. Ses relations. Ses plaisirs.

La retraite avait pour lui les plus grands attraits ; ce qui rend plus héroïque encore tous les mouvements qu'il se donnait pour procurer aux pauvres une subsistance nécessaire, puisqu'il était obligé en cela de faire une violence continuelle à son goût. Jamais plus content que lorsqu'il était seul dans sa chambre, il s'y occupait ou à la méditation, ou à la prière, ou à la lecture, ou au travail, et si c'était un travail de mains, il chantait, en travaillant, des hymnes ou des psaumes ; il avait une petite voix, mais assez juste, et il mettait beaucoup d'onction dans ce qu'il chantait comme dans ce qu'il disait. « Qu'entend-on, disait-il, dans le monde, que des médisances, « que des propos équivoques, que des discours les plus pro- « pres à réveiller toutes les passions, l'ambition, la cupidité, « l'amour du plaisir et la recherche des choses dont Jésus- « Christ nous ordonne si expressément la fuite, quelque pré- « cautionné que l'on soit en le fréquentant : telle est sa mali- « gnité secrète et contagieuse que soit beaucoup, soit peu, « ou il gâte, ou il altère. »

L'homme de Dieu ne connaissait donc aucun plaisir, dira quelqu'un? Est-ce que vous croyez que parce que l'on vit éloigné du monde on mène une vie triste et ennuyeuse? Mais quels étaient donc ces plaisirs? Les plaisirs de l'amitié, je ne parle pas seulement de ceux qu'il goûtait au sein de sa famille, dans les tendres épanchements de la confiance, mais de ceux encore qu'il goûtait dans la société d'amis vertueux comme lui. Il était lié avec toutes les personnes de la ville célèbres par

(1) Proverbes, 12.

leur piété ; ses amis, c'étaient un Père Léorat, une demoiselle Gourdan, un chanoine Gourdan ! Quoi ! des personnes si mortifiées, si austères ! Oui : et il trouvait dans leur société tous les avantages les plus précieux de l'amitié, tout ce qui en fait le charme, l'enchantement ; sincérité, vérité, tendre intérêt qui s'exerçait sur tous les détails : même manière de penser, mêmes inclinations, mêmes projets, mêmes vœux, mêmes craintes, mêmes espérances. Leur entretien était le soulagement de ses maux, l'adoucissement de ses peines, la consolation de ses ennuis. Les amitiés mondaines produisirent-elles jamais rien de semblable?

Le plaisir de la table. Ne craignez rien lecteurs ; il n'était ni sensuel, ni amateur de la bonne chère et du vin ; il ne faisait pas l'agréable. Toujours sobre, il mangeait peu, et on ne pouvait savoir les mets qu'il préférait. Quoiqu'on lui présentât bon ou mauvais, tout était également bien reçu ; toujours réservé dans ses discours, il ne sortait jamais des bornes de la modestie chrétienne : mais il allait volontiers prendre des repas chez ses parents, chez ses amis ; il s'y invitait même plusieurs fois l'année, et il aimait ces festins innocents si propres à réunir les cœurs par l'honnête liberté qui y règne, et par les témoignages qu'on s'y donne d'une amitié réciproque.

Le plaisir de la promenade. Le terme rarement éloigné de la ville, en était le plus souvent quelques jardins cultivés où le travail forçant en quelque sorte la nature, fait succéder si rapidement les récoltes ; où tout ce que nous rencontrons nous offre des présents et une nourriture propre à la saison où nous sommes et où nous jouissons à la fois de ce qu'on nous donne et de ce qu'on nous promet. Il y examinait tout et il y admirait tout. Ce spectacle ravissant pour lui, en l'élevant à Dieu, le jetait dans une profonde contemplation, où son âme inondée de sentiments d'admiration, de reconnaissance et d'amour, éprouvait je ne sais quel sentiment de joie, quelquefois si vif, qu'il craignait qu'il n'y eût du dérèglement.

Il ne manquait jamais chaque année dans le temps des vendanges, d'aller aux vignes de ses parents. Là il abordait les vendangeurs, il parlait à tous avec bonté, il leur faisait des questions sur leur travail, il plaignait leurs peines. Il aimait à s'entretenir avec les habitants de la campagne, cette portion la plus vertueuse et la plus utile de la société, et s'il ne leur donnait pas des leçons sur l'agriculture qu'ils connaissent bien mieux par la pratique et l'expérience qu'ils en ont, qu'on ne le fera jamais par la lecture de tous les ouvrages qui ont été composés en ce genre, il leur en faisait de plus utiles et de plus salutaires sans doute, en leur apprenant à sanctifier leurs travaux, à les rapporter à Dieu, à l'aimer uniquement et à lui attribuer et non à eux-mêmes leurs succès.

Tels étaient les plaisirs de l'homme de Dieu, plaisirs simples, modérés : « Jamais les âmes sensibles n'aimèrent les plaisirs « bruyants ; vain et stérile bonheur des gens qui ne sentent « rien et qui croient qu'étourdir sa vie, c'est en jouir », mais plaisirs purs qui ne se dérobent point à nos poursuites, qui n'inspirent ni satiété ni ennui, et qui ne laissent point après eux de remords, dans un cœur ; ce sont les plaisirs de l'innocence et de la vertu. Hélas ! est-il surprenant qu'il y ait si peu d'hommes qui sachent les sentir et les goûter.

J'aurais tort d'omettre ici le goût qu'il avait pour la lecture, car c'était encore là une de ses récréations : de tous les livres, celui qu'il préférait et qu'il ne manqua jamais de lire tous les jours de sa vie, c'était l'Écriture Sainte. Il en apprenait par cœur les endroits qui le frappaient le plus. Sans cesse dans ses conversations, dans ses lettres et dans ses autres écrits, il en citait des textes. Il lisait aussi avec beaucoup de satisfaction les Saints-Pères ; il en recueillait avec soin les pensées qui en faisaient le mieux connaître l'esprit, et il relisait ensuite souvent ses recueils, pour en nourrir son âme. Ils existent encore ; mais n'écrivant que pour lui-même, il l'a fait avec tant de négligence, en caractères si allongés et en abréviations si continuelles, que je n'ai presque rien pu y déchiffrer. Seulement j'ai vu qu'il s'y étendait beaucoup sur l'article de l'aumône, de l'humilité et de la pénitence.

Son érudition et ses écrits.

M. Chomel avait de l'érudition, de l'intelligence et de l'esprit ; il possédait le latin et le grec ; il connaissait bien l'histoire, surtout l'histoire de l'Eglise, et il avait donné une attention particulière à celle de sa patrie. S'enfonçant dans la nuit des temps écoulés, fouillant toutes les archives, tous les monuments, tous les actes anciens, il en extrayait soigneusement les passages qui concernaient Annonay : et c'est de ces morceaux choisis et des événements dont il avait été témoin lui-même, qu'il a composé les Annales de cette ville, qu'il a continuées jusqu'en 1774.

Annonay est la ville la plus considérable du Vivarais dont elle fait partie ; elle paie le trente-deuxième des charges de cette province ; elle dépend, pour le spirituel du diocèse de Vienne, et pour le temporel, de celui de Viviers. C'est un Marquisat qui s'étend sur plusieurs paroisses, et qui a toujours été possédé par les plus grands Seigneurs. Il a passé du duc de Ventadour, à qui le Roi l'avait donné, dans l'illustre maison des Rohan-Soubise. Cette ville est presque environnée de tous côtés de montagnes, mais il y a des grands chemins bien entretenus qui y aboutissent, et en rendent l'accès facile dans tous les temps de l'année.

Son terroir maigre et sec convient surtout aux vignes, aussi en est-il presque entièrement couvert. Quels prodiges n'opèrent pas la patience et le courage d'un peuple laborieux ! On n'y voit presque point d'espace inculte ; les rochers les plus escarpés y ont été forcés à devenir fertiles, soit par les transports du terrain, soit par quelque autre opération également pénible ; et des lieux condamnés, ce semble par la nature à une éternelle stérilité, y sont cultivés avec profit.

L'on croit, et c'est l'opinion la plus probable, que ce sont des ouvriers en parchemin qui s'y établirent en 400, à cause de sa situation entre deux rivières qui donnèrent à cette ville ses premiers commencements ; insensiblement, elle reçut des accroissements considérables. En 700, elle était déjà environnée de murailles. Dès le XIe siècle, elle avait un nombreux clergé, et l'on y appela la Congrégation naissante des chanoines réguliers de Saint-Ruf. La tradition du pays est que les Cordeliers y furent établis du vivant de saint François, et que saint Antoine de Padoue avait logé dans leur couvent.

Le cardinal Bertrand, dont nous avons déjà parlé, si connu dans l'histoire de l'Église du XIVe siècle par ses disputes avec Pierre de Cugnières, était né dans cette ville. Il s'assura un nouveau droit à sa reconnaissance, en y fondant un hôpital et l'abbaye de Sainte-Claire. Dès ce temps-là, elle renfermait plusieurs familles qui tenaient un rang distingué dans la noblesse, dont la plupart, par la vicissitude des choses humaines, sont ou éteintes ou établies ailleurs. Les Pelet, qu'on croit subsister dans les Narbonne-Pelet d'aujourd'hui, les Grôlée, les Arnulphe, les Colaux, les Jarnac, les Boulieux, les du Peloux remplacés par les Vogué « Toujours depuis, « dit M. Chomel, et surtout aujourd'hui, les délices et l'amour « de nos habitants. »

Si cette ville a été peu connue dans l'Histoire de France, ce silence fait son éloge, et prouve son bonheur ; son éloge, parce qu'elle a toujours été fidèle à ses souverains, toujours soumise jusqu'aux guerres de religion ; son bonheur, parce qu'elle a été presque toujours éloignée du théâtre de la guerre ; et qu'excepté quelques incursions qu'y firent les routiers dans le XIVe siècle, ses heureux citoyens ont toujours jouit tranquillement dans le sein de leur foyer de la paix et du repos. Des maladies contagieuses les ont quelquefois affligés. C'est que malgré la salubrité de l'air qui y règne, il faut payer partout le tribut à l'humanité. Il paraît, par les testaments et les autres contrats qui restent de ces temps reculés, que les habitants d'Annonay étaient religieux et charitables. Puissent leurs descendants retracer dans tous les siècles ces mêmes vertus ! On connaît les guerres de religion qui donnèrent à cette ville une malheureuse célébrité dans le XVIe siècle.

Elle répara cependant ses fautes et ses malheurs. Le Bailliage de Boucieu-le-Roi, un des plus anciens du Royaume, après de longues sollicitations poursuivies pendant plus de soixante ans, y fut transféré en 1565, dépouillé d'une partie de ses prérogatives ; il rendit encore les services les plus essentiels à cette ville et au pays. Que ne peut-on en espérer aujourd'hui que le siège a été réintégré si glorieusement dans tous ses droits qu'il exerce avec autant de courage et de zèle que de lumière et de justice (1)?

De nouvelles familles ont paru pour remplacer les anciennes, et ont étonné par leurs richesses. Quelques-unes ont été élevées de la bourgeoisie dans l'ordre de la noblesse (2). Annonay a fourni à l'Église (3) et à l'épée (4) plusieurs sujets qui se sont également fait distinguer dans l'un et l'autre de ces états.

Vers le milieu et la fin même du dernier siècle, le commerce de cette ville commençait à être connu. Il est devenu depuis tous les jours plus florissant. Des marchés considérables y attirent le samedi de chaque semaine une affluence extraordinaire d'étrangers qui, y amenant des bestiaux et toutes sortes de provisions, y entretiennent l'abondance des choses nécessaires à la vie. Chacun au retour remporte des étoffes ou d'autres marchandises, et y laisse ainsi une partie de l'argent qu'il a touché.

De là cette multiplicité de marchands dans tous les genres, dont cette ville abonde. Il y a surtout un grand trafic de draperie, qui, depuis quelque temps, s'y est accru d'une manière étonnante. S'il y a peu de fabricants d'étoffes de laine, elles viennent y recevoir la perfection, dont elles sont susceptibles, dans les fouleries et les frises que l'on y a établies et chez les tondeurs et les teinturiers.

Les fabriques qui y étaient anciennes, moulins à soie, tanneries, mégisserie, bonneterie, y ont été multipliées et perfectionnées.

---

(1) Non seulement Annonay, mais toute la province du Vivarais, a été démembrée de la sénéchaussée de Nîmes : Cet ouvrage précieux, toujours si vivement et inutilement sollicité jusque là, elle le doit à l'activité, à l'habileté et au zèle de M. Chomel, avocat du Roi de la Sénéchaussée d'Annonay, propre neveu de celui dont j'écris l'histoire.

(2) Notamment les Montgolfier, les Veyre de Soras, les Barou de Canson (B. C.).

(3) Il y a actuellement 50 prêtres vivants, tous natifs d'Annonay, dont 12 sont religieux, dont M. Chomel, chanoine d'Annonay, le R. Père Chomel récollet.

(4) Il y a dans ce moment 10 chevaliers de Saint-Louis y résidant, dont un M. d'Ayme, est officier général.

Le papier qui s'y fait est incontestablement le plus beau de la France. Les papiers vélins des Montgolfier et de Johannot sont célèbres dans toute l'Europe (1) et ont été préférés à tous les autres papiers par les premiers imprimeurs de la Capitale, pour les superbes éditions qu'ils préparent des ouvrages destinés à l'éducation de Monseigneur le Dauphin.

Le goût pour l'agriculture, le premier des arts, la source de tout commerce et de toutes vraies richesses, s'y est aussi réveillé. Des particuliers, afin de rendre leurs champs plus fertiles, ont fait de grosses avances toujours payées avec usure, et ont bien mérité de leur patrie en y multipliant ainsi la subsistance des citoyens. Nos vergers, nos jardins mieux entretenus, mieux cultivés, y ont été enrichis de fruits excellents et de plantes qui y étaient inconnues par les Bourguet, jardiniers aussi habiles et intelligents que sûrs et laborieux.

Les sciences y ont été cultivées avec succès. Qui n'admirerait pas cette sublime découverte qui avait échappé aux recherches de tant de savants ! Qu'est-ce que l'homme imaginera et tentera jamais à l'avenir d'aussi audacieux ! Les merveilles de la nature ne se déroberont pas plus désormais à la curiosité dans l'atmosphère que sur la terre et sur la mer : il pourra (qui autrefois aurait pu le croire?), il pourra aller sur les lieux mêmes interroger les météores et calculer la pesanteur des airs : il pourra dans le même moment éprouver toutes les différentes températures ; et s'élevant à une distance infinie au-dessus de la terre, la voyant disparaître à ses yeux, il apprendra par je ne sais quels sentiments sublimes et délicieux qui naîtront alors dans son cœur à réputer pour rien toutes les fortunes, toutes les grandeurs et à former des désirs plus dignes de lui.

C'est à Annonay et par des enfants d'Annonay que ce secret si longtemps caché a été révélé à l'esprit étonné de l'homme. O Montgolfier ! votre patrie médite de vous élever

(1) Outre les encouragements que MM. Montgolfier et Johannot avaient reçus des États Généraux du Languedoc, le Roi leur a donné à chacun une médaille d'or, comme une preuve de sa satisfaction de la perfection qu'ils ont donnée à leurs papiers ; et la papeterie de M. Montgolfier a été déclarée papeterie royale.

un monument, afin qu'on ne lui dispute jamais la gloire de vous avoir donné naissance. Mais ouvrage du temps, il périra comme lui : au lieu que votre nom conservé religieusement dans les archives des académies, dans l'histoire des sciences et des empires, vivra de génération en génération, et ne sera jamais prononcé qu'avec respect par les savants de tous les pays et de tous les âges.

Si quelques natifs sont sortis d'Annonay, ce sont ceux, qui appelés ailleurs par leurs talents ont été un témoignage honorable à leur pays. Les uns ont remporté des palmes (1) dans les principales Académies du Royaume : les autres cherchant à se former dans la Capitale y ont été retenus, s'y sont distingués (2) et s'y distinguent encore de nos jours (3) dans le ministère, le barreau, la finance et le commerce. D'autres, parcourant les deux mondes ont été remplir les postes les plus honorables (4) au delà des mers, ou y chercher une fortune qui paraissait se refuser à leur ambition dans leur patrie.

En se faisant considérer par la netteté, par la justesse de leur esprit et par leurs talents, les enfants d'Annonay ont su se faire aimer par la bonté de leur cœur : car telles sont les qualités touchantes qui les caractérisent, la droiture, la sensibilité, l'affabilité, l'aménité, la candeur et la franchise. Vous qui avez habité leur ville, ou qui les avez connus, dites si j'exagère, si je fais autre chose que répéter les éloges que vous avez donnés si souvent à l'amabilité de leurs mœurs et à la douceur de leur caractère.

Sa fidélité au Roi. Son attachement à Annonay.

Si je me glorifie d'une telle patrie, je ne fais après tout qu'imiter l'exemple de l'homme vertueux dont j'écris l'histoire. Excellent citoyen, sujet soumis et respectueux, révérant

(1) Le père Jourdan, Jésuite.

(2) M. d'Argoud, auteur de l'Institut du droit français. M. Gourdan, intendant des armées navales et MM. Tourton, banquiers.

(3) M. Vulpian, avocat du clergé.

(4) M. Moneron nommé commissaire avec les fonctions d'intendant des îles sous le vent.

le Prince comme son Maître et l'oint du Seigneur, ne se permettant jamais de censurer sa conduite, ni la conduite de ceux à qui il confiait son autorité, comme il arrive à tant de gens, qui le font souvent si mal à propos et toujours si inutilement ; il s'intéressait réellement au succès de l'État, et il ne cessait de prier pour la conservation du Monarque et pour le bonheur du peuple. Tels sont les sentiments que la vertu inspire, elle seule attache solidement le sujet à son Roi. Quelle assurance pour le trône si tous les membres d'un État étaient des saints !

Mais il aimait surtout Annonay, lieu de sa naissance. L'on voit dans l'histoire qu'il a faite de cette ville qu'il est en quelque sorte jaloux de sa gloire. Il n'omet aucune occasion d'en faire l'éloge. Il la disculpe des imputations odieuses que l'on fait aux habitants du Vivarais : « Comme, dit-il, Annonay « se trouve à l'extrémité de cette province, ses habitants ont « plus de conformité de mœurs avec ceux du Lyonnais et du « Forez, qu'avec ceux des Boutières et d'au delà le Doux que « ceux d'Annonay blâment beaucoup de l'humeur où ils « étaient du moins par le passé et surtout dans leurs plus « hautes montagnes, de ne craindre point la justice et d'oser « même se la faire des autres, lorsqu'ils se croyaient offensés. »

Les richesses, la gloire et la prospérité affaiblissent la foi, énervent les âmes, pervertissent les mœurs ; nous n'avons eu ni la prudence, ni la sagesse, ni le courage de nous préserver de leur contagion. « A parler, en général, dit M. Chomel, il est « certain que notre siècle est plus corrompu que celui de nos « aïeux ; qu'il y avait plus de retenue et de modestie dans la « jeunesse de l'un et de l'autre sexe, moins de luxe, et surtout « ce qu'il y avait de plus heureux, on voyait régner plus « d'amitié, de cordialité, de sincérité, plus d'empressement de « s'obliger, plus d'union entre les parents et les amis, plus de « subordination, de respect et d'obéissance de la part des « enfants envers leurs pères. »

En renonçant aux exercices les plus saints de la piété, ou en ne les pratiquant que rarement et mal, nous nous sommes privés de l'appui le plus nécessaire à notre faiblesse. Delà nous avons violé tous les commandements, enfreint tous les préceptes : les plus saintes lois de l'Église ont été comptées pour rien, dès qu'il a fallu prendre tant soit peu sur soi pour les observer. Les vertus formées par la religion ont perdu parmi nous leur force et leur motif. A cette amitié qui faisait autant de frères des habitants de cette ville a succédé un amour de soi, qui rendant les cœurs froids et insensibles au bonheur et au malheur des autres, reporte tout à soi-même, et semblerait exiger que le monde entier se bouleversât ou pour lui ménager un plaisir, ou pour lui sauver une peine.

Notre union fut jadis admirée de nos voisins et leur faisait envier notre bonheur : nos schismes publics et particuliers, nos dissensions scandaleuses font aujourd'hui le sujet ordinaire de leurs entretiens et souvent l'unique nouvelle qu'ils remportent de notre ville dans leurs foyers. L'on a banni insensiblement dans les entretiens avec ses proches, l'usage de s'entre-appeler, oncle, tante, cousin et cousine, qui nous retraçant sans cesse l'image d'une famille unie par les liens de l'amitié, de la fraternité et de la paix, commandaient le respect et l'attachement réciproque ; et l'on a aussi banni de son cœur, les sentiments qu'inspiraient des rapports si chers. Des époux qui se sont jurés au pied des autels une fidélité inviolable et une tendresse éternelle, que des enfants, fruits d'une union aussi sainte, devaient resserrer, deviennent chaque jour, pour ne rien dire de plus, indifférents l'un à l'autre, se fuyent jusque dans leur propre maison, ne se voient et leurs enfants qu'au moment du repas dont ils abrègent encore, autant qu'ils peuvent, la durée. Il semble qu'on ne saurait passer une heure de suite avec tout ce que l'on doit avoir de plus cher.

Notre jeunesse remplaçant les instructions qu'elle avait reçues dans son enfance de ses parents et de ses maîtres par la lecture des ouvrages les plus infâmes qu'aient produits l'impiété et la licence, y trouve l'écueil de sa foi et de sa vertu, y apprend à secouer le joug d'une religion, dont la morale austère importune un cœur que les passions agitent si puissamment à cet âge, et punit bientôt par son indocilité et ses désordres, des pères et des mères aveuglés, des mauvais exemples et quelquefois des instructions plus mauvaises encore qu'elle en a reçus, et de la funeste complaisance qu'elle leur a trouvée pour ses crimes. Quel est donc le malheur qui nous menace? Si nous avons à craindre que la génération qui doit nous succéder ait moins de foi, moins de piété, moins de religion, et soit par conséquent encore plus pervertie et plus corrompue que nous?

« Les habitants de cette ville, dit encore M. Chomel, étaient « si portés, dans le XVIIe siècle, à l'honnêteté des mœurs « et à toutes les règles de la bienséance que les étrangers lui « avaient donné cette belle épithète : Annonay la chaste. » Combien nous avons dégénéré de la gloire d'une qualification aussi honorable. Déplorable effet de l'effervescence irréligieuse qui s'est glissée dans l'enceinte de nos murs! Des esprits faibles devenus sans y penser les misérables dupes de la corruption secrète de leur cœur, ont reçu avec avidité les horribles leçons de l'impiété ; ils l'ont entendue avec joie, dit saint Chrisostôme, dogmatiser sur la vraie justice parce qu'ils étaient injustes ; raisonner, douter de l'enfer, ajoute ce Père, parce qu'ils sentaient qu'ils le méritaient et qu'ils n'étaient pas résolus à l'éviter ; ils ont volontairement fermé les yeux aux raisons les plus fortes qu'ils avaient de croire parce qu'ils n'ont pas voulu s'assujettir à la nécessité où ils étaient de bien vivre : ainsi toutes les vertus se perdent au milieu de nous ; on cherche à en saper jusqu'au fondement tous les principes. Nous ne pouvons nous dissimuler la source de nos malheurs, nous en gémissons : pourquoi donc ne pas nous hâter d'y porter remède, tandis qu'il est temps encore : Pourquoi ne pas élever une barrière, entre vous et ces pestes publiques, ces apôtres du mensonge et du crime, qui leur empêche de pénétrer jusqu'à vos enfants et jusqu'à vous, et de vous communiquer aux uns et aux autres leur contagion? Pourquoi ne pas renoncer à ce luxe immodéré qui appauvrit et dépeuple votre ville, qui y appelle le libertinage et ensuite l'irréligion ; qui suscite les enfants contre les pères, l'auteur de tant de vols domestiques, de tant d'injustices secrètes, de tant de crimes qui outragent la Providence et qui profanent horriblement la sainteté du mariage ; qui fait le tourment des femmes, le désespoir des maris, le malheur de tous.

Reprenons notre ancienne croyance et la première simplicité de nos mœurs. Abjurons nos erreurs. Une foi humble, vive, éclairée que rien ne peut ébranler, et qui règle nos sentiments et notre conduite, ne vaut-elle pas mieux que ces incertitudes perpétuelles qui nous laissent toujours flottants entre ce que nous devons croire ou ne pas croire, ou qui nous porte à nous étourdir sur les suites épouvantables d'un avenir dont on ne peut obscurcir la vérité, ni diminuer les horreurs en n'y pensant pas? Des mœurs chastes, des vertus, qui, lorsqu'elles sont pénibles, dédommagent toujours des sacrifices qu'elles prescrivent, par les consolations qu'elles laissent dans une âme, ne sont-elles pas préférables à tous les excès des passions, à tous les plaisirs qui n'ont leur source que dans le crime? Ne plairions-nous pas davantage par une simplicité sans négligence, une propreté modeste sans affectation, que par la perpétuelle inconstance des modes, qu'en nous environnant de tous les vains attraits du luxe? Laissons aux grands la magnificence et la somptuosité : en nous efforçant de les adopter dans nos vêtements, dans nos maisons, sur nos tables, nous y introduirons l'ennui qui règne au milieu de leurs lambris dorés dans leurs palais. O mes chers concitoyens ! si aux qualités qui vous distinguent déjà vous réunissiez la bonhomie, les mœurs presque patriarcales de nos aïeux ; surtout, ah ! surtout, si vous y réunissiez la simplicité de leur foi et la pratique des vertus que nous prêche l'Évangile, vous seriez les plus aimables et les plus aimés des hommes !

Son respect de la vérité.

L'esprit qui animait M. Chomel dans la conversation et le reste de sa conduite l'a dirigé dans son histoire d'Annonay et dans tous ses autres écrits. C'est partout le même amour pour la vérité. S'il parle d'après des témoignages authentiques, il assure la chose ; s'ils sont incertains, il ne les rapporte que comme douteux, ou comme un bruit populaire ; il n'avance pas une conjecture comme une chose assurée ; il n'exagère rien, il n'enfle rien, il ne diminue rien. Il faut d'ailleurs convenir qu'il n'apporte pas assez de discernement dans le choix des faits ; que les réflexions pieuses y sont trop multipliées ; que son style n'est ordinairement ni châtié, ni correct ; qu'il lui échappe beaucoup de fautes contre la grammaire ; que les répétitions y sont trop fréquentes ; qu'il dédaigne trop les grâces du langage et qu'il n'a pas mis assez d'ordre dans ses ouvrages.

Il avait abandonné trop tôt la lecture des bons auteurs, des auteurs classiques, latins et français. Borné depuis longtemps à ne lire que des ouvrages de piété, assez indifférent sur la manière dont ils étaient écrits, il ne faisait attention qu'au fond des choses : tous les ouvrages en ce genre, qui ne sont que lumière et sentiments, qui ne parlent qu'à la raison et au cœur, qui n'apprennent qu'à connaître Dieu et à se connaître soi-même, il voulait les avoir à lui : il ne faisait pas même difficulté d'en acheter, soit parce que la lecture habituelle qu'il en faisait lui était nécessaire, soit parce qu'il les prêtait aux pauvres, aux prisonniers, aux soldats, aux domestiques, aux jeunes gens et à tous ceux à qui ils pouvaient être utiles. Il n'attendait donc pas qu'on les lui demandât, il les offrait lui-même et avec d'autant plus d'empressement qu'il savait que si les égarements de l'esprit et les dérèglements du cœur se répandent dans le monde par les mauvais livres qu'on prête, qu'on donne et qu'on fait entrer dans toutes les maisons ; c'est aussi par le canal des bons livres qu'on y fait circuler la sève des bonnes mœurs et de la religion. Mais comme il cherchait toujours le bon marché dans ceux qu'il achetait, ils étaient presque tous ou mal traduits, ou écrits en vieux langage : et certainement la lecture de pareils ouvrages était peu propre à lui former, ou à lui entretenir le goût.

Si ses douleurs habituelles lui avaient permis de continuer à étudier, comme il avait fait à son arrivée à Paris, il n'est pas douteux qu'avec les dispositions naturelles qu'il avait, il n'eut été autant la gloire de sa famille et de son pays par les productions de son esprit qu'il l'a été par ses grandes vertus et son éminente piété. Mais les violents maux de tête qui l'obligèrent de partir de Paris, ne le quittèrent presque pas de toute sa vie, et c'est sur cela qu'il excuse lui-même les négligences et les autres défauts qui se trouvent dans son ouvrage. « Je supplie, dit-il dans sa préface, ceux qui voudront « prendre la peine de lire mon écrit de faire attention qu'une « douleur habituelle dont Dieu m'afflige depuis longtemps

« ne m'a jamais permis de réfléchir comme j'aurais souhaité « sur ma petite composition, en connaissant fort bien le besoin « (et comme s'il avait voulu se glorifier par là, il ajoute « de suite), ou bien pour parler sincèrement, ce sont les talents « et la capacité qui m'ont manqué et non l'envie de bien « faire. »

Ses scrupules.

Joignez à cela les scrupules dont il était continuellement tourmenté, et auxquels il a été sujet toute sa vie, et que Dieu permettait pour le rendre plus fidèle à sa grâce et pour lui faire pratiquer la défiance de ses propres forces et la docilité envers ceux dont il prenait conseil, vertus si opposées à l'orgueil, dont les gens de bien ne savent pas toujours se garantir. Depuis son retour de Paris jusqu'à sa mort, il n'a eu que trois confesseurs, le R. P. Léorat, cordelier, M. Chabert et M. Desfrançois, successeur de M. Chabert dans la cure séculière, qui a reçu ses derniers soupirs : les hommes les plus propres par leurs vertus, par la pratique constante des devoirs de leur état et leur science dans la direction des âmes à lui inspirer de la confiance ; il ne changeât qu'à leur mort. Pendant leurs maladies même, il les allait trouver et il était quelquefois si pressé de se décharger à leurs pieds, du fardeau de ses péchés, comme s'il lui eut été impossible d'en porter plus loin le poids accablant, que sans faire attention s'il y avait du monde ou non dans leurs chambres, il se jetait en entrant à genoux à côté de leur lit et y commençait sa confession quelquefois même à haute voix, ce qu'il aurait continué jusqu'à la fin, s'ils ne l'en eussent empêché.

Le Père Leorat à qui ses travaux pour la religion ne permettaient pas de l'entendre aussi souvent que l'aurait désiré M. Chomel, et que semblaient l'exiger ses perplexités, lui avait nommé une personne dans sa famille même, dont il connaissait la prudence et la piété, Mme Fournat, sa sœur, pour le conduire et le diriger. J'eus avec elle quelque temps avant sa mort une conversation à ce sujet et je fus écrire de suite et mot à mot autant qu'il me fut possible ce qu'elle m'avait dit, dans la persuasion que rien ne serait plus propre à faire connaître toute la vertu de son frère ; je lui lus ensuite cet écrit, elle le trouva fort exact (1) et me permit de le publier. C'est ce que je vais faire sans rien changer.

« Eh bien ! Monsieur, puisque vous le savez, il est vrai que « moi qui ne suis ni théologienne, ni casuiste, qui ne sait que « mon catéchisme, et qui ne me pique pas de savoir autre « chose, il est vrai que j'ai dirigé longtemps la conscience de « mon frère l'aîné : et en vérité il avait une si belle âme, « il était si humble, si docile, que cette direction était aisée ; « un enfant, je crois, en aurait été capable ; et voilà pourquoi, « sans doute, le père Leorat qui le connaissait si bien, m'en « avait chargé. Mon pauvre frère était infiniment scrupuleux ; « la grande appréhension qu'il avait d'offenser Dieu d'un « côté, et de l'autre, la mauvaise opinion qu'il avait de lui-« même, lui faisait voir des péchés dans la plupart de ses « actions, et il était alors dans un état d'inquiétude et de « tourment, qu'il ne serait pas facile de vous exprimer. Je « l'ai vu pleurer souvent en me racontant ses fragilités, et « cela me confondait de le voir si touché pour des choses qui « souvent n'avaient pas la moindre apparence de péchés, « tandis que j'avais tant de peine moi à concevoir la moindre « douleur de mes fautes bien plus réelles et bien plus graves. « Je le désabusais, je le rassurais, je le tranquillisais ; mais ce « n'était jamais pour longtemps ; et à peine était-il sorti « d'auprès de moi, qu'il recommettait bientôt à son sens quel-« ques nouveaux péchés, et que par la suite ordinaire ses « peines recommençaient. Sa vie s'est toute passée dans cet « état. Il n'y avait point de jour que je ne le vis venir deux, « trois, quatre fois pour me trouver (2). Sa situation me fai-

---

(1) Je lui lus aussi en entier toute l'esquisse que j'avais faite de la vie de son frère ; elle m'affirma le connaître parfaitement au tableau que j'en faisais, et elle me certifia la vérité des faits que j'y avance qui étaient presque tous de sa connaissance.

(2) La maison qu'habitait M. Chomel, sise grande rue, était la maison Jarnieu restée dans la famille Chomel jusqu'en 1882 époque à laquelle elle fut vendue à M. Clappe et celle qu'habitait Mlle Fournat était sur la même rue place Notre-Dame connue encore dans mon enfance sous le nom de maison Fournat et habitée par la famille Paret, aujourd'hui. (B. C.)

« sait pitié ; je quittais tout pour le joindre ; je lui parlais « avec autorité et fermeté ; rarement il me répliquait ; mais « si, malgré ses représentations, je persistais, il se soumettait « sans insister davantage, et je l'ai fait ainsi très souvent « communier. J'étais singulièrement édifiée de son humilité « et de son obéissance ; je me reprochais souvent le ton que « je prenais avec lui. Ce rôle me paraissait fort au-dessus de « moi. J'aurais bien désiré en conséquence pouvoir me déchar- « ger de cette direction : mais les instances de mon frère, ma « tendresse pour lui, et la crainte que personne ne voulût « avoir la même patience, la compassion que je portais à son « état et les ordres du père Leorat que je respectais, m'en « empêchaient ; et j'ai continué ainsi pendant plusieurs « années à le diriger. Mon frère ne me cachait aucune de ses « peines, et me faisait part de tous les mouvements de son « âme ; et je crois pouvoir vous assurer que, dans tout ce « temps là, je doute qu'il ait commis de propos délibéré, la « plus légère faute. Ce n'est pas à moi à faire son éloge, mais « je serai toujours pleine de respect pour sa mémoire ; je « demande continuellement à Dieu qu'il me fasse la grâce de « retracer ses vertus, dont j'ai été tant édifiée, et que j'aie « le bonheur de le revoir dans le ciel. Je vous avouerai sincè- « rement que ce n'est pas une médiocre consolation pour moi « d'avoir eu un frère si pieux, et que sa protection auprès de « Dieu m'inspire infiniment de confiance... »

Femme vertueuse et respectable ! vous ne serez pas trompée dans votre espoir : des cœurs aussi étroitement et aussi saintement unis que l'étaient le vôtre et celui de votre frère, ne se séparent pas pour toujours ; et une vie sainte, couronnée par une mort sainte, comme on peut l'espérer de votre piété, vous a sans doute réunis l'un et l'autre dans le sein de Dieu.

Que l'on juge, après cela, avec quelle soumission M. Chomel devait exécuter les ordres de ses confesseurs. Il les écoutait comme Jésus-Christ même, et leurs paroles comme des oracles : Jamais de répliques, jamais de contestation, jamais de désobéissance. Aussi, malgré ses scrupules, on ne craignait pas de le confesser : bien différent de ceux qui sont atteints de cette maladie, qui courent de confesseur en confesseur pour chercher la tranquillité et le repos, et ne font qu'augmenter leurs anxiétés et leurs troubles, rien n'étant plus propre à entretenir cette maladie que les différentes directions. Il ne quittait point les siens ; il n'allait point en consulter d'autres, pour savoir s'il n'en trouverait pas qui donneraient dans son sens. Il pensait qu'ils étaient plus éclairés que lui, qu'ils ne voudraient pas exposer leur salut en le trompant sur l'état de son âme ; et que, quand même cela serait, lui ne se tromperait pas en leur obéissant, puisque Dieu ayant donné aux hommes pour les conduire, non des anges mais des hommes : qui les écoute, écoute Dieu même.

Après la mort du père Leorat, il se confessa tous les jours, et souvent même plusieurs fois le jour, lorsqu'il croyait être tombé dans quelque faute grave. S'il ne pouvait pas alors rencontrer son confesseur, il ne se couchait pas de cette nuit, crainte d'être surpris dans l'état du sommeil et de mourir dans son péché ; il la passait en prières et en larmes, à faire pénitence de sa prétendue faute, et à attendre avec la plus vive impatience le retour du jour et le moment où il pourrait s'aller jeter aux pieds du ministre de la réconciliation, et en obtenir le pardon.

Mais quelles étaient donc ces fautes qui excitaient en lui tant d'appréhensions et tant de repentir? des distractions rares, suite inévitable de la légèreté de l'esprit humain, quelques mouvements de vivacité qui échappaient à la nature et prévenaient la raison et promptement réparés ; des tentations toujours involontaires, toujours fortement combattues, et qui étaient bien plus pour lui une occasion de mérite et de vertu, par les victoires qu'elles lui faisaient remporter, que de chûtes et de péchés.

Des tentations ! ni ses vertus, ni ses mortifications, ni les œuvres de charité qui remplissaient sa vie, ni la fuite la plus scrupuleuse des occasions, ni l'ardeur de ses prières, ni même la vieillesse, rien ne l'en put affranchir ; le poids de ce corps de péché se faisait sentir à lui. Les tentations produites par nos passions ne nous quittent point, ces monstres du cœur, ces illusions de l'esprit, ces vains fantômes de l'erreur et du mensonge se montrent toujours à nous pour nous séduire, nous attaquant jusque dans les jeûnes et les cilices, c'est-à-dire jusque dans notre force. Elles perfectionnèrent la vertu de M. Chomel ; elles contribuèrent plus que tout le reste à l'entretenir dans les sentiments de l'humilité la plus profonde ; elles excitèrent sans cesse sa vigilance, et ce fut le principe de son salut et de sa perfection que Dieu n'exauça pas ses prières les plus ferventes en l'en délivrant.

Mais, c'était aussi le sujet de ses peines, malgré son attention à les prévenir, il craignait toujours d'y avoir donné occasion : malgré son ardeur à les combattre et la douleur qu'elles lui occasionnaient, il craignait toujours d'y avoir consenti. Souvent la grande appréhension qu'il en avait, comme il arrive, en suscitait en lui de nouvelles. Il serait difficile de rapporter ici tous les moyens qu'il employa pour en être délivré. Ce qu'il avait acquis de perfection ne lui faisait rien diminuer de sa vigilance. Il détournait les yeux de tous les objets qui peuvent blesser l'âme. Jamais il ne regarda une femme en face, quoique le ministère évangélique qu'il exerçait l'obligea souvent de leur parler et de traiter avec elles. Jamais il ne donna à ses parents, pas même à ses sœurs, aucun de ces signes d'amitié que l'on se croit permis dans certaines circonstances, et que l'usage semble autoriser. Il était inouï qu'il eût touché une femme, même par surprise. Il s'asseyait toujours à une certaine distance d'elles et il évitait de sortir en foule de l'église ou de quelque autre endroit, afin de n'en pas être environné. Si on ne savait pas que les grandes vertus ne se conservent que par une grande défiance de soi-même, et que la pureté ressemble à ces glaces de prix, dont un souffle léger ternit l'éclat, on croirait qu'il a outré les précautions.

Ses mortifications.

Dès qu'il sentait la moindre tentation, seulement quand le vent commençait à s'élever et paraissait annoncer la tempête, il mettait tout en usage pour la détourner et pour s'en défendre; s'élevait-il dans son âme quelqu'un de ces mouvements involontaires et passagers qui se dissipent plus aisément en n'y faisant nulle attention, qu'en cherchant à les combattre, il lui était impossible de cacher son trouble ; si c'était de jour, il avait recours à la prière, si elle durait encore, il se rendait dans quelqu'église et demandait à Dieu dans toute la vivacité de son cœur de l'en délivrer, si c'était dans le silence de la nuit, où l'on ne peut s'échapper à soi-même, il se levait aussitôt de son lit, se prosternait à terre, se frappait rudement la poitrine, et appelait son Dieu à son aide. Dans l'excès de sa ferveur et de sa crainte, il parlait souvent à haute voix ; on l'entendait s'écrier du ton de la douleur, et d'une personne qui se croit sur le point de périr : mon Dieu, mon Dieu ne m'abandonnez pas ; créez en moi un cœur pur. Il ne se recouchait plus jusqu'à ce que l'orage fut entièrement dissipé. Souvent, quoiqu'il n'eut pas demeuré au lit deux heures, il passait ainsi le reste de la nuit, tantôt à genoux, tantôt debout, tantôt promenant et toujours dans les gémissements et dans la prière. Il faut avoir passé par cet état pour en bien concevoir la rigueur et l'amertume.

Peu content d'être toujours armé et en garde pour combattre la tentation, convaincu que la cupidité devient maîtresse, si on ne l'affaiblit incessamment, et que la pénitence qui, selon les Pères, est le remède du péché, en est aussi le préservatif, il crucifiait sa chair et faisait de grandes austérités, comme si ce n'eut pas été assez pour lui de ses souffrances habituelles et de ses infirmités, avec un corps délicat, une santé toujours mal affermie, la faim, la soif, toute les rigueurs des saisons, toutes les incommodités de la vie : il sut supporter tout cela, et il sut se le procurer. Il porta presque toujours le cilice jusqu'aux dernières années de sa vie. Il couchait comme sur la dure, sur une mauvaise paillasse et un matelas plus mauvais encore ; il ne voulait pas que les domestiques fissent son lit. Il couchait tout habillé, dans l'attitude la plus gênante, ne s'étendant jamais, et ayant les jambes repliées ; quelquefois même il ne se couchait pas du tout ; il appuyait seulement sa tête et une moitié de son corps sur son lit, et touchait des pieds le plancher.

C'est ainsi que ce temps que la nature a, ce semble, destiné au soulagement du corps, était employé à l'abattre par les veilles et la pénitence. On ne connaît pas toutes les mortifications qu'il a pratiquées ; on en connaît même qu'on ne nommera pas ; mais on peut assurer qu'il en était réellement avide, et que personne peut-être n'a porté plus loin la haine de sa propre chair.

Sa piété.

Instruit à l'école de l'Évangile, il priait toujours et ne se lassait jamais : car marcher continuellement en la présence de Dieu, n'est-ce pas prier sans cesse? Chaque jour, il récitait régulièrement le bréviaire, un chapelet de l'amour de Dieu et beaucoup d'autres prières, et toutes les semaines le rosaire. Dans son humilité se croyant entièrement indigne de rien obtenir du Ciel, il implorait avec ardeur la protection des saints et surtout de Marie, la Reine des saints, afin que Dieu lui accordât, par leur entremise, les grâces qui lui étaient nécessaires pour surmonter sa faiblesse et opérer son salut. Il avait une vive confiance dans leurs intercessions. Par le même motif, il préférait toujours à la prière particulière, la prière publique, où ne formant qu'un cœur et qu'un esprit, comme une armée redoutable, nous assiégeons les portes de la miséricorde divine ; et devenant, en quelque sorte, forts contre Dieu même, nous lui faisons une espèce de violence, et l'engageons à accorder en faveur de tous ce qu'il n'accorderait pas en faveur d'un seul. Sans négliger les assemblées de piété, qui attiraient les fidèles dans les autres églises, il était surtout assidu à celles qui dans l'église de sa paroisse, étaient présidées par le Pasteur (1) ; et ce n'était pas seulement pour obéir à la voix de l'Église, qui en a fait à tous les fidèles un devoir si étroit, c'était autant encore parce que

---

(1) Non seulement il n'avait jamais manqué volontairement, ni la messe ni les vêpres de la paroisse, mais il désapprouvait encore tout ce qui pouvait en éloigner les fidèles.

Voici comment il s'explique dans ses Annales sur la fondation faite en 1748, d'une messe de onze heures, les dimanches et les fêtes, dans l'église paroissiale d'Annonay : « Le but que s'est proposé ce pieux « habitant, le sieur Palmier, a été de procurer une commodité pour les « pauvres gens des hameaux de la paroisse, ou des campagnes voisines ;

rien ne représentait mieux à ses yeux la grande assemblée du Ciel, ou les justes, les saints de tous les siècles, de tous les rangs, de tous les âges, réunis sous Jésus-Christ le souverain pasteur des âmes, n'auront point d'autre occupation que de célébrer à jamais par des saints cantiques les louanges de l'Éternel.

Ses méditations journalières roulaient le plus souvent sur nos fins dernières. La vue de la mort excitait en lui des sentiments de terreur, par rapport à la justice divine. Si les jugements de Dieu paraissent si terribles aux saints, quelle doit être la crainte de ceux qui le servent avec lâcheté. Cependant, dans une maladie violente qu'il eut à l'âge de vingt-trois ans, il attendait avec ardeur le moment de la dissolution de son corps. Déjà il avait reçu les derniers sacrements, et l'on désespérait de son état. Mais bientôt de bons symptômes parurent, et annoncèrent un rétablissement assuré ; on s'empresse de lui en donner la nouvelle. Il en fut pénétré de la plus vive douleur. Il inonda son lit d'un torrent de larmes ; ceux qui le soignaient s'attendrirent en le voyant si affligé d'une nouvelle qui aurait été reçue de tout autre avec des sentiments de joie incroyable : mais les morts ne pèchent plus, et un tel avantage lui faisait paraître leur sort digne de toute son envie. Il se consola dans les suites, et dans son journal il remercie Dieu du rétablissement de sa santé « et de ce qu'il « a prolongé sa faible vie, afin, sans doute, comme il l'espérait « de sa miséricorde, de lui laisser le temps de se mieux disposer « à paraître devant lui ».

La divine Eucharistie était le plus tendre adoucissement de ses peines et la ressource universelle de tous ses besoins. Aussi communiait-il régulièrement tous les jours, à moins que ses scrupules ne l'obligeassent de s'en éloigner ; ce n'était même alors que pour peu de temps. L'ardeur qu'il avait de s'unir à son Dieu, et la force qu'il puisait dans cet auguste

---

« mais il est bien à craindre que plusieurs en cette ville, surtout les « jeunes gens, qui n'ont de goût que pour le monde, en prennent occasion « de cette messe si retardée, pour ne se présenter à l'église qu'à cette « heure, et s'abstenir de la messe paroissiale, un des plus grands moyens « de salut pour les chrétiens. » L'événement n'a que trop justifié ses craintes.

sacrement, l'y ramenait bientôt. Voyez le à la Table sainte, la foi du Centurion n'était pas plus vive, ni son humilité plus profonde. Avec quelle douleur il se reprochait alors les moindres fautes ! « La terre, son origine et sa sépulture, « n'est pas encore assez basse pour le recevoir ; il voudrait « disparaître tout entier devant la majesté du Roi des rois ».

Voyez-le dans l'église, comme son attitude, son anéantissement, sa ferveur prêchaient éloquemment dans leur silence, la nécessité du respect et de la vénération que l'on doit y apporter. La dernière place dans le temple, une place dans les tribunes destinées aux personnes du peuple et aux pauvres, est celle qu'il choisit. Eh ! tous les hommes ne sont-ils pas égaux devant la Majesté suprême? Y a-t-il à ses yeux d'autre distinction que celle des cœurs purs et vertueux? Là debout ou à genoux le plus souvent pendant tout le temps de l'office, tenant son chapeau au-dessus des yeux afin de prévenir les distractions, n'osant ni se remuer, ni cracher par respect pour le saint lieu ; chantant par cœur les psaumes, les hymnes, les cantiques, les antiennes, suivant avec une attention religieuse toutes les différentes cérémonies, entrant dans leur esprit, il éprouvait toute la vérité de ce que dit un saint Prophète : qu'un seul jour passé dans la maison de Dieu, console plus le cœur que des années entières passées dans les plaisirs et dans les tentes des pécheurs. « Combien de fois « ne m'est-il pas arrivé, écrivait-il à son père dans les commen- « cements de sa conversion, de verser des larmes, considérant « la beauté et l'onction de ces saintes pratiques de la religion « qui m'avaient été cachées jusqu'alors : je pleurais de joie « de me voir dans la participation de si grands biens, et tout « ensemble d'indignation, contre ces réformateurs, ou plutôt « ces déserteurs de la religion qui avaient fait perdre toutes « ces voies de salut à ceux qu'ils avaient séduits, et les avaient « privés de tant de grâces qui ne sont que pour les enfants de « la véritable épouse, c'est-à-dire pour l'Église catholique. » Ces sentiments furent ceux de toute sa vie.

Nos sacrés mystères lui inspiraient de si hautes idées, que son respect s'étendait à tous ceux qui exerçaient quelque fonction dans le sanctuaire. Il s'inclinait profondément devant tous les prêtres : on l'a vu fléchir le genou, en abordant un prêtre au milieu des rues. Son confesseur a assuré qu'une fois il s'était jeté à ses pieds, et avait voulu les baiser et qu'il avait eu assez de peine de l'en empêcher ; qu'il avait tenté plusieurs autres fois, et qu'il avait toujours rendu tous ses efforts inutiles. A la familiarité avec laquelle il vivait avec ses neveux succédait une véritable vénération, lorsqu'ils étaient élevés à la prêtrise ; il leur baisait humblement la main, il les forçait de prendre sur lui le pas. Dans la généalogie qu'il a faite de sa famille, il nomme tous les prêtres qu'elle a produits, il annonce leurs qualités, il écrit leurs noms en grandes lettres. On croirait presque qu'il ne peut pas y avoir de plus grande illustration pour une maison que de donner des ministres aux autels. De pareils hommages, les hommages de l'innocence et de la sainteté, les vengent bien et l'excellence de leur état, du mépris et des plaisanteries indécentes que des hommes légers et frivoles osent quelquefois en faire.

Quelle n'était pas son attention et son assiduité à la parole de vie ! Il n'y venait pas pour remarquer les fautes du Prédicateur, mais pour chercher à connaître ses défauts et à s'en corriger. Il ne croyait pas que la parole prêchée pût être remplacée par la parole écrite. Il savait que le Seigneur attache à la vertu du ministère et à la vocation légitime, des grâces qu'on ne trouve pas ailleurs. Il ne manquait jamais aucun sermon, ni aucun exercice de retraite et de mission. On en voit la preuve dans ses Annales, où il ne rapporte pas seulement le nom des missionnaires, mais où il donne la liste de tous les sermons qu'ils ont prêchés dans les missions qu'il y a eu de son temps à Annonay : « dont « l'effet, dit-il, a été de faire refleurir la piété, et l'on ne doit « pas s'étonner que la multitude ait paru oublier les bonnes « résolutions qu'elle avait formées dans ce saint temps et « qu'elle soit retombée dans ses premiers égarements ; c'est « le partage de la nature corrompue, laquelle se porte toujours « au mal par elle-même ; en quoi on voit évidemment les « prédictions de Notre-Seigneur Jésus-Christ. D'ailleurs un « bien passager en est-il moins un bien? et doit-on compter « pour rien tant de restitutions, tant de réconciliations, tant « d'aumônes, qu'une mission occasionne. » Mais lui n'oubliait pas les résolutions qu'il y avait prises ; il se les rappelait continuellement à lui-même. Quand il entendait un sermon, il croyait que tout ce que disait le Prédicateur le regardait lui seul, et les vérités qu'il annonçait faisaient sur lui une telle impression de crainte, de douleur, de repentir de ses fautes, que sur la fin de sa vie son confesseur, par ménagement pour sa santé, avait été obligé de lui défendre d'assister davantage au sermon.

La ferveur qui avait embrasé son cœur dès le moment de sa conversion ne fut pas une de ces ferveurs passagères, que quelques mois ont vu croire et que quelques mois voient périr. Sa fidélité fut toujours inébranlable. Les consolations n'amolirent pas sa vertu, les tribulations n'ébranlèrent pas son courage, et dans les temps différents il fut toujours également soumis et fervent.

Son règlement de vie.

Si quelqu'un désirait savoir de quelle sorte il réglait ses journées: voici ce qu'il s'était prescrit. Il allait tous les jours régulièrement à la première messe qui se dit à la paroisse à cinq heures en été et à six en hiver ; il en entendait une seconde et quelquefois trois si elles se succédaient. C'était l'unique chose dont l'heure fut bien réglée dans sa vie. Pour les autres exercices de piété il les pratiquait, tantôt à une heure, tantôt à l'autre, selon que les besoins des pauvres le laissaient libre. Il passait tous les jours plus de six heures en courses ou en visites, dont les œuvres de charité étaient toujours le motif ; chaque jour, il nourrissait et ranimait sa piété par la lecture de l'Évangile, de l'Imitation de Jésus-Christ, cet ouvrage, dit Fontenelle, le meilleur qui ait été fait de la main des hommes, puisque l'Évangile n'en est pas, et de quelqu'autre ouvrage de piété qu'il variait. Il s'entretenait le reste de la soirée avec ses neveux sur quelque sujet édifiant. Il se retirait vers les neuf heures du soir dans sa chambre, toujours sans lumière. Il y priait encore longtemps, ou à genoux ou en se promenant, et il se couchait ensuite, mais toujous le plus tard qu'il pouvait.

Tant de vertus et une vie si exemplaire demandaient, ce semble, des récompenses. Mais les vues du Seigneur sur les saints sont si différentes de celles des hommes ; comme toutes les fortunes, les prospérités de la terre ne sont rien pour rémunérer dignement les justes, il les éprouve, il leur fait soutenir sans cesse ici-bas de nouveaux combats, afin de perfectionner leurs vertus, et que tant de victoires remportées enrichissent leur couronne et accroissent leur gloire et leur bonheur dans l'éternité.

Ses souffrances.

Nous avons déjà parlé des maux de tête qui ne quittèrent point M. Chomel jusqu'à sa mort et dont les accès étaient presque journaliers. Pendant sa vie il eut plusieurs grandes maladies qui le conduisirent aux portes du tombeau et qui furent suivies de longues et pénibles convalescences. Il finit par être sujet à une incontinence d'urine, qui lui fit supporter jusqu'à la fin toutes sortes d'incommodités. Ou ces maux-là, ou ses peines d'esprit, ou les misères des pauvres ou les croix de sa famille qu'il partagea toujours, ne le laissèrent jamais sans quelque souffrance et quelque sujet de peine. Difficilement trouverait-on une vie plus crucifiée, plus éprouvée que la sienne ; difficilement aussi trouverait-on plus de tranquillité, plus de résignation, plus de soumission à la volonté de Dieu. Dans les événements les plus contraires, toujours à l'abri des craintes et des inquiétudes pour l'avenir, des plaintes et des murmures sur le présent, rien ne le troublait : « C'est « l'aimable volonté de Dieu, disait-il, et nous ne devons pas « demander autre chose sinon qu'elle s'accomplisse » ; et cette maxime calmait son esprit, et retranchait les réflexions inutiles. Que de gémissements bannis ! que d'actions de grâces substituées à d'éternelles et inutiles lamentations, si ces sentiments du serviteur de Dieu étaient ceux du commun des fidèles !

Que dis-je ! loin de se plaindre de ses afflictions, Dieu par la force de la grâce l'avait élevé jusqu'au contentement et à la joie dans les douleurs, et jusqu'à lui faire préférer de bon cœur les souffrances et les croix aux biens et aux délices du monde. Je ne crois pas qu'on puisse voir rien de plus parfait à cet égard que les sentiments annoncés dans cette prose rimée que nous avons trouvée dans ses papiers.

LES COMMANDEMENTS DE LA CROIX DU SAUVEUR

1. Les plaisirs tu abhorreras et y renonceras fortement.
2. Ta propre chair crucifieras et ton esprit pareillement.
3. Nulle peine n'éviteras, ni ne fuiras aucunement.
4. Jamais de croix ne recevras, sans les baiser bien humblement.
5. De vivre ne souhaiteras qu'afin de souffrir lentement.
6. Jusqu'à la mort ne cesseras de souffrir volontairement.
7. Jamais trop souffrir ne croiras, quoique tu souffres grandement.
8. En souffrant ne t'affligeras de manquer de soulagement.
9. En toutes façons souffriras et de tous indifféremment.

Quels sentiments ! qu'ils sont héroïques ! La sagesse humaine la plus sublime pouvait bien inspirer de la patience et une froide tranquillité à l'homme dans ses souffrances, mais s'en réjouir, y constituer sa gloire et son bonheur ; mais les aimer, les désirer, les rechercher, c'est ce qu'aucun philosophe n'a jamais enseigné, ni appris ; il n'y avait qu'un Dieu, qui put faire de pareilles leçons aux hommes, et qui put élever le cœur humain à des pratiques aussi généreuses et si contraires à la nature.

Cette grâce a été encore accordée à M. Chomel. L'on peut dire qu'il n'est aucun de ces commandements qu'il n'ait suivi dans toute sa perfection et dont sa conduite n'ait été le fidèle tableau. Observez-le au milieu des langueurs, des incommodités les plus fâcheuses et des douleurs les plus vives de la maladie, et ne craignez pas d'apercevoir en lui cette tendresse sur soi qui est cause ou que l'on se plaint aisément, ou qu'on fait valoir avec soin ce qu'on souffre. A peine parle-t-il de ses maux, encore n'est-ce que lorsqu'on l'interroge, n'est-ce que très rapidement, très brièvement, en en diminuant plutôt qu'en en exagérant l'étendue.

Les médecins paraissaient-ils négliger de le venir visiter? il ne s'en inquiète pas, il ne s'en plaint pas ; sont-ils assidus et à moins qu'ils ne fussent en voyage, ils l'étaient presque toujours (1), il les reçoit avec plaisir, et il pratique avec exactitude et sans impatience ce qu'ils lui prescrivent : également éloigné et de cette confiance aveugle d'un roi *Asa* qui met tout son espoir dans leurs connaissances et leurs lumières et oublie dans sa douleur et ses alarmes que nos maladies étant l'ouvrage de Dieu, c'est de Dieu seul que nous devons en attendre du soulagement, et de cette bizarrerie chagrine qui refuse de les voir et rejette avec dédain tous les secours de leur art, au mépris des recommandations que nous font nos livres saints de les appeler dans nos maladies : *da locum medico.*

« Les confesseurs, disait-il, sont pour l'âme, et les médecins « pour le corps ; on doit leur obéir aux uns et aux autres, « à chacun dans sa partie. Mais comme la foi nous apprend « que Dieu seul remet les péchés et que les confesseurs ne « sont que les instruments dont il se sert pour guérir les « maladies de nos âmes ; elle nous apprend aussi que lui seul « rétablit la santé et que les médecins n'opèrent notre « guérison, que par les lumières qu'il leur communique sur « la cause de nos maux, et la vertu qu'il donne aux plantes « et aux remèdes qu'ils employent. »

Une fois cependant il se crut autorisé à résister à son médecin. Il lui avait ordonné de prendre tous les jours après son dîner cette boisson artificielle qui nous vient originairement d'Arabie, qui a la propriété, lorsqu'on en fait un usage modéré, de faciliter la digestion, de précipiter les aliments et d'éteindre les aigreurs, et qui dissipe les ennuis, les nuages et les appesantissements de l'esprit. Il ne pouvait pas se dissimuler, puisqu'il l'avait éprouvé, combien cette boisson lui était salutaire ; et chaque fois que son médecin insistait pour l'engager à suivre son ordonnance, il opposait toujours la

---

(1) Son principal médecin était son neveu, M. Durel. Il est mort depuis.

même résistance. Étonné de cette conduite extraordinaire, son médecin le presse de lui en dire la raison, il la lui déclare ingénuement : « Pourquoi lui ordonnait-il une chose que l'on « n'ordonne pas aux pauvres, et qui ne lui convenait pas plus « qu'à eux ? n'était-il pas assez à charge à son frère, à qui « déjà il coûtait tant, sans aller lui occasionner une nouvelle « dépense en contractant un nouveau besoin ? pour éviter « quelque légère incommodité, fallait-il donc qu'il incommodât « les personnes les plus chères ? sa santé était-elle un bien si « précieux, pour qu'il dût chercher à la rétablir, ou à la con- « server à ce prix ? » On sut sa délicatesse ; et cet obstacle, comme on le pense, de l'amour et du respect qu'on avait pour lui, fut bientôt levé. Ses proches, ses amis, des personnes de la ville des plus respectables, se disputèrent à l'envie l'honneur et la charge de la nouvelle dépense. Pour répondre aux invitations multipliées qu'il recevait de toutes parts, il fut obligé de donner à chacun son jour, en sorte qu'il allait régulièrement prendre son café une fois la semaine, chez les uns et chez les autres, tous les quinze jours ou tous les mois.

Les infirmités de ses dernières années.

Quatre ans avant sa mort, toutes ses infirmités redoublèrent. Une enflure aux jambes vint se joindre à ses autres maux déjà si cuisants. Une grande difficulté de respirer, des douleurs qui entreprenaient presque tout le corps, un extrême affaiblissement lui rendaient le moindre mouvement pénible ; il ne pouvait plus faire un pas sans souffrir. Dans cet état, le croirait-on, il continuait chaque jour ses courses ordinaires pour les pauvres. Aux représentations qu'on ne cessait de lui faire pour l'en détourner, il répondait : « Si « l'on voulait qu'il abandonnât les pauvres, qu'il renonçât, « en cessant de les servir et de leur prodiguer des secours, à « la meilleure œuvre qu'il put faire, qu'il convenait que ces « courses le fatiguaient un peu, mais que Jésus-Christ avait « bien souffert davantage pour lui ; si l'on croyait que ce fut « à son âge, et sur le point de paraitre devant Dieu, et de lui

« aller rendre compte de ses actions, qu'il dût se réduire à « l'inaction et cesser de faire le bien. »

Quelquefois cependant, obligé de s'arrêter à chaque pas, ayant eu beaucoup de peine de se rendre chez lui, excédé de fatigue et de ses douleurs, il faisait le soir en rentrant, la ferme résolution de prendre du repos pendant quelques jours, et de ne pas sortir le lendemain ; il le promettait même ; et le lendemain qu'un pauvre vint le prier de parler pour lui à quelqu'un, ou qu'un malade le fit demander ; seulement qu'il se souvînt qu'on lui avait promis dans une maison de lui donner quelque aumône ce jour-là, toutes les belles résolutions, toutes les belles promesses, toutes les peines, les douleurs de la veille étaient oubliées ; il sortait et se mettait en chemin comme à son ordinaire ne comptant pour rien sa santé et la délicatesse de sa complexion, toujours prêt à sacrifier son repos et sa vie même pour accomplir la charité. Tout le monde craignait qu'il ne succombât à ses fatigues, et l'on s'attendait chez lui que, tôt ou tard, on l'y amènerait mourant ou mort de quelqu'une de ses courses.

Pendant un hiver, des plaies se formèrent à ses jambes ; la gangrène qui s'y annonçait, fit regarder sa mort comme prochaine et inévitable. Il éprouva, dans cet état, tout ce que la maladie a de rigueur, et tout ce que la médecine a d'importunités. Il fallait panser deux fois le jour ses plaies ; il désirait que ce fut un homme, mais personne ne pouvait le faire mieux que sa sœur Fournat ; elle s'était offerte elle-même ; désirant avec empressement donner ses soins à la conservation d'un frère qu'elle aimait avec tendresse, et aux prières duquel elle attribuait toutes les grâces que le Ciel avait répandues sur elle et sur sa famille. Ses offices furent rejettés, son confesseur le sut, il le blama et il exigea de lui que, surmontant sa trop grande délicatesse, il se laissa panser à l'avenir par sa sœur.

Ce ne fut pas la seule épreuve de cette espèce à laquelle il mit son pénitent. Dans sa dernière maladie, M. Chomel n'avait point de plaie à la jambe ; il n'y avait qu'une grande enflure. Il descendait tous les jours de sa chambre dans les appartements d'en bas ; on craignait avec raison que, dans l'état de faiblesse où il était réduit, il ne se laissât tomber et ne se blessât grièvement, et même ne se tuât ; on voulait donc absolument qu'il se fît appuyer par une domestique de la maison. Lui, prendre le bras d'une personne du sexe ! y pensait-on ! il s'indigne, il s'impatiente presque lorsqu'on le lui propose. L'autorité du confesseur est encore réclamée ; il parle, il ordonne. L'homme de Dieu, malgré sa grande répugnance, se soumet sans répliquer, et ne sort plus de sa chambre sans se faire soutenir par la domestique qui le servait : tant son obéissance au guide de sa conscience était aveugle !

Ses derniers jours.

Au milieu de tant d'austérités, de croix, de souffrances qu'il avait éprouvées, son corps infirme s'affaiblissait peu à peu, son âme acquérait la mesure de son mérite, et s'avançait vers le terme de sa récompense. Dès la fin du mois d'octobre 1774, ses douleurs ordinaires pendant l'hiver commencèrent à se faire sentir assez vivement pour le retenir dans la maison. Accoutumé à le voir faible et languissant, on ne croyait pas de le perdre encore ; il paraissait souffrir moins que les hivers précédents. Tout le monde s'empressait, comme dans les autres maladies, de le venir visiter, les prêtres surtout, les religieux et les personnes pieuses : il n'avait pas vécu de manière à redouter de pareilles visites, et à chercher à écarter les ministres du Seigneur, comme des prophètes tristes et désagréables. Il prenait le plus grand plaisir à les voir ; et comme en pleine santé, il les recevait avec un visage modeste, honnête, toujours attentif aux bienséances, et ayant toujours quelque chose d'obligeant à dire. Il parlait avec le même sens, la même liberté d'esprit, même d'un air serein qui allait quelquefois jusqu'à la gaieté.

Il regardait leurs visites comme un effet de leur charité ; il croyait qu'ils le venaient visiter pour pratiquer les œuvres de miséricorde, comme on va visiter les pauvres dans leurs maladies ; tandis qu'ils n'y allaient réellement que pour s'édifier de ses discours et de sa patience. C'est ainsi que jusqu'à son dernier moment, il interpréta toujours les choses, dont il aurait pu tirer quelque motif de vanité ou de gloire.

Ni les pauvres ne pouvaient plus pénétrer aussi facilement jusqu'à lui, ni il ne pouvait les aller visiter lui-même. C'était là une de ses peines ; car au milieu de ses maux, il était continuellement occupé des leurs. Une fille pieuse qui le venait voir tous les jours fut chargée de ses commissions auprès d'eux et de ses sollicitations auprès des riches. Souvent sa journée se passait dans ces exercices de charité. Elle venait ensuite lui rapporter tout ce qu'elle avait fait, et rien ne l'intéressait autant que ces détails. Au moment où un père va se séparer de ses enfants, il les recommande à ses amis, il sollicite pour eux leur protection, leur appui, il les conjure de ne pas les abandonner et de veiller avec bonté sur leurs besoins. M. Chomel avait toujours eu pour les pauvres, les sentiments du père le plus tendre : quelques jours avant de mourir il donne à cette vertueuse fille la liste de ses bienfaiteurs de pauvres. Il les fait remercier des aumônes abondantes qu'ils leur ont accordées à sa demande et dont Dieu les récompensera, et il les fait prier dans les termes les plus pressants de leur continuer après lui les mêmes secours, que cette fille, dont ils connaissent la charité et la vertu, le remplacera dans ces sortes de soins, et qu'elle mérite toute leur confiance.

« C'était, disait-il, le seul ordre qu'il eût à mettre à ses « affaires et l'unique testament qu'il eût à faire. » Il s'applaudissait de n'avoir rien à disposer et de mourir pauvre et dépouillé de tout. Quelques livres de piété lui restaient : déjà il les avait distribué en partie lui-même, ou il avait désigné ceux de ses neveux et de ses nièces à qui il voulait qu'on les donna après sa mort. Son linge, ses habits ne pouvaient convenir qu'à des pauvres, tant ils étaient usés et en mauvais état. Les meubles ordinaires de sa chambre, tous de son choix, appartenaient à son frère ; mais quels étaient-ils? Un mauvais lit, une mauvaise table sans tapis, deux ou trois chaises de bois, deux armoires fixées dans le mur, quatre planches attachées avec des clous et des cordes à la muraille en forme de tablettes sur lesquelles il mettait ses livres ; voilà tout son mobilier. Pendant plus de cinquante ans qu'il a habité cette chambre, il n'a jamais souffert qu'on y fit aucun changement ; elle était à sa mort comme le premier jour qu'il l'occupa, c'étaient les mêmes meubles. La pauvreté y régnait comme dans son domaine, et la molesse épouvantée n'osa jamais en approcher.

Dans tous les âges de sa vie, la pensée de sa dernière heure était entrée dans ses actions, dans ses projets, et avait réglé sa conduite. Pour s'y préparer, il n'eût pas besoin à ses approches de changer rien à sa manière de vivre. Seulement, comme il avait plus de temps à sa disposition, ne pouvant pas sortir, il en donnait davantage à la méditation, à des lectures de piété et à la prière ; plus le corps se détruisait, plus l'esprit se dégageait et se renouvellait, faisant voir la vérité de cet oracle de l'Écriture, que la route du juste semblable à la lumière du jour croît et s'élève sans cesse jusqu'à sa perfection.

« De quelque manière qu'arrive la mort des saints (1), elle « est toujours précieuse devant Dieu : la voie la plus ordinaire « est que Dieu accorde aux âmes prédestinées une vue très « présente de leur mort, afin qu'avec la grâce, elles se pré- « parent avec d'autant plus de vigilance à ce terrible passage : « mais il y en a quelques-uns à qui Dieu cache, pour ainsi dire, « leur sortie de ce monde, peut-être dans le dessein de les « mettre à couvert des assauts et des tentations de l'ennemi « de leur salut, plus dangereuses alors que dans aucun autre « temps de la vie. »

A mesure que M. Chomel avançait vers son éternité, les craintes qu'il avait eues de la mort, les frayeurs que lui occasionnaient la seule pensée de cet avenir terrible, ou les saints même seront à peine sauvés, s'ils sont jugés sans miséricorde, paraissaient se calmer et se dissiper ; soit que Dieu éloignât de lui une réminiscence qui ne pouvait que le troubler, et qui n'aurait rien ajouté à sa ferveur et à sa pénitence ; soit peut-être aussi, et c'est ordinairement l'effet que produit dans le cœur des justes mourants la conscience d'une bonne vie ; soit peut-être aussi que Dieu par sa grâce eût changé toutes ses appréhensions en une douce espérance.

Aucun de ces signes, présages funestes des derniers moments de la vie, ne se manifestait encore en lui. Toujours du sentiment, toujours le zèle, la douceur du chrétien. Cependant

(1) Réflexions de M. Chomel dans la *Vie de M. Gourdan.*

deux jours avant sa mort, après s'être entretenu longtemps avec la plus vive effusion de joie de quelques progrès que la religion venait de faire parmi les infidèles, il demanda à recevoir le Viatique : « On ne sait, dit-il, ce qui peut arriver, je serais « bien aise de recevoir demain le bon Dieu en viatique. » Il n'y avait pas huit jours qu'il avait communié. Mais rien n'égalait son empressement à s'unir à son Dieu ; M. Desfrançois son pasteur et son confesseur le lui porta. L'on aurait cru au redoublement d'ardeur avec lequel il le reçut qu'il avait un pressentiment secret, que c'était la dernière fois, et que bientôt il aurait le bonheur de le voir à découvert et sans nuage, et de le posséder sans interruption dans le ciel. Le reste de la journée se passa en humbles actions de grâces, en prières, en témoignage de confiance et d'amour. M. Duret son médecin et son neveu, en examinant le soir les jambes y apperçut des indices certains de gangrène ; il augura mal dès lors de l'état de son oncle, mais il ne croyait pas que les effets dussent en être si prompts ; il l'engagea à se deshabiller pour se coucher, ce qu'il n'avait pas encore fait malgré sa maladie, tant il était mortifié.

La nuit qui suivit ne fut point orageuse, il dormit peu ; c'était son ordinaire : à cinq heures du matin il appelle, selon sa coutume, les domestiques qui couchaient dans une chambre voisine afin qu'elles se lèvent et qu'elles aillent à la messe. Elles lui offrent de rester : il ne le veut pas, et il leur recommande de bien prier pour lui.

Sa mort. Ses funérailles.

A leur retour de l'église, l'une se dispose à lui préparer son café ; l'autre se rend dans sa chambre pour lui aider à s'habiller : sa maîtresse vient à son secours. Quand il est levé, on lui présente son café : à peine l'a-t-il goûté qu'il lui prend un évanouissement. Sa nièce et sa domestique le reportent de suite sur son lit, pensant qu'il y sera mieux ; il expire dans le moment même, sans aucune agonie et tranquillement entre leurs bras, vers les huit heures du matin, le 23 novembre 1774.

Le juste seul peut avoir le bonheur de mourir d'une mort aussi édifiante et aussi douce, tandis que les remords, et l'agitation souillent les derniers instants des impies et des pécheurs.

Ainsi mourut à l'âge de soixante et dix-sept ans moins deux mois, plein de jours et de mérites, M. Louis Chomel surnommé le dévôt. Le Ciel en le retirant dès sa jeunesse du sein de l'erreur et en lui inspirant le goût des plus hautes vertus, dans la pratique desquelles il a vécu constamment et il est mort, l'a rendu digne de nos plus grands éloges. Il avait reçu de Dieu, comme Salomon, une inclination naturelle au bien, une âme compatissante et sensible ; de là tous ses jours furent consacrés par des bienfaits, et ses bienfaits dirigés par la piété la plus tendre : Ami des riches dont il sut amollir le cœur en faveur des misérables, et vrai père des pauvres par les soins qu'il leur prodigua, et par ses efforts pour les soulager dans leur indigence.

La nouvelle de sa mort réveilla dans tous les cœurs le souvenir de ses vertus. On n'en parlait qu'avec admiration. Chacun en citait quelque trait particulier. On accourut en foule dans sa chambre. Son corps qui avait été, pour ainsi dire, en proie à toutes sortes d'infirmités, affaibli d'ailleurs par le poids de l'âge, ne reçut presque aucune altération de la mort, son visage bien loin d'être changé et défiguré paraissait le même : et l'on ne pouvait voir l'air grave et doux, modeste et pieux que respirait encore toute sa personne, sans se sentir pénétré, comme pendant son vivant, du plus profond respect. Tous s'empressaient d'approcher de ce saint corps. Tous voulaient avoir quelques morceaux de ses pauvres dépouilles. On fut obligé, dans l'après-midi, de fermer les portes de la maison, parce qu'elle ne pouvait plus contenir le concours de ceux qui s'y rendaient.

Le chapitre, tous les autres corps de la ville, toutes les confréries, sans y être invités, assistèrent à la cérémonie de ses obsèques. Un peuple nombreux marchait à la suite du convoi ; les pauvres grossissaient le cortège. Mais on n'aperçut point en eux les regrets, la douleur que tant de services, que tant de consolations, que tant d'amour, que plus de cinquante-sept ans employés constamment, entièrement consacrés à leur soulagement et à leur bonheur, auraient du leur causer. L'ingratitude a été de tout temps le grand vice des hommes : rarement ils estiment assez les bienfaits qu'on leur accorde pour ne pas les oublier. Quelques-uns cependant parmi ces pauvres, plus reconnaissants, ne se lassaient pas de raconter les aumônes et les services qu'ils en avaient reçus. Ils étaient écrits dans le livre de vie, et il y a lieu de croire que M. Chomel en recevait déjà la juste rémunération, dans le ciel d'un Dieu qui, bien différent des hommes, tient le compte le plus exact de la moindre chose, et n'oublia jamais, et ne laissa jamais sans récompense rien de ce que l'on fait pour sa gloire.

Mais s'il ne fut pas regretté des pauvres comme il aurait du l'être, il le fut infiniment par toute sa famille qui perdait un proche plein d'une tendre amitié pour elle, sa joie, son ornement et sa gloire ; il le fut par toute la ville d'Annonay, qui perdait son meilleur citoyen, la ressource de ses malheureux, et pour ainsi dire leur providence visible ; un de ses serviteurs fidèles, qui, par ses prières auprès de Dieu, arrêtait les foudres que le libertinage de croyance et de mœurs, qui s'était répandu dans l'enceinte de ses murs et qui, comme une infecte contagion, y faisait chaque jour des progrès plus alarmants, aurait du attirer sur elle : il le fut par le clergé et surtout par les Pasteurs qui perdaient un juste, le modèle de leur troupeau, la consolation de leur ministère, et qui, devenu comme un signal de vertu élevé au milieu de leurs brebis, répandait dans le bercail une odeur de vie qui confondait le vice, qui autorisait la piété et qui maintenait les règles de l'Évangile contre les maximes du monde.

Le bruit de la mort de M. Chomel se répandit au loin, et inspira partout les mêmes sentiments. C'est ainsi que M. l'archevêque de Vienne, Jean Georges de Pompignan (1) s'ex-

---

(1) Voici ce que dit de ce prélat M. Chomel dans les *Annales d'Annonay*, page 1016 : « Pour remplacer M. d'Hugues, fut nommé M. Jean « Georges de Pompignan, déjà évêque du Puy, prélat reconnu pour un « des évêques des plus célèbres de France, par les ouvrages victorieux « qui sont sortis de sa plume pour la défense de la religion. L'édification « qu'il a donnée à toute la France, et en particulier au diocèse du Puy, « où il a pratiqué si constamment les vertus morales, nous laisse aucun « lieu de douter qu'il ne gouverne l'Église de Vienne avec la plus grande « sagesse et la plus parfaite vigilance pour y maintenir l'ordre. »

pliquait sur cette mort dans une lettre qu'il écrivit à M. Chomel, avocat du roi au bailliage d'Annonay, neveu de celui dont j'écris l'histoire .« Je prends beaucoup de part à la mort « de M. votre oncle : une pareille mort est plus digne d'envie « que de regrets. C'est aux pauvres qu'il a si longtemps et si « constamment aimés et secourus, à le pleurer... » Ce témoignage d'un prélat, l'ornement et l'édification de l'Église de France, est sans doute le plus bel éloge.

M. Desfrançois son pasteur a souscrit d'avance à tout en ce que nous avons rapporté de ses principales vertus, et a voulu en laisser un monument à la postérité en dressant l'acte de sa sépulture conçu en ces termes : « Le 24 novembre 1774 « a été enterré Fr. Louis Chomel, mort le jour précédent... Il « a été pendant tout le temps de sa vie l'édification de cette « paroisse, son humilité était des plus profondes sa charité « envers Dieu et le prochain sans exemple, il a été vérita- « blement le père des pauvres tant qu'il a vécu. »

MM. les chanoines qui avaient presque tous vécu intimement avec M. Chomel, obtinrent de sa famille qu'il fut enterré dans la chapelle du Rosaire (1), près de Mlle Catherine Gourdan, afin que comme ils avaient été unis en toutes sortes de bonnes œuvres durant leur exil sur la terre, leurs cendres fussent aussi unies jusqu'à leur retour à la bienheureuse patrie (2).

---

(1) La chapelle du Rosaire était située à droite de l'église, côté de l'évangile près la porte latérale ; elle était autrefois la chapelle des seigneurs d'Annonay, dite de Villars.

Ce fut un honneur spécial que le clergé d'Annonay rendit aux vertus de Mlle Gourdan et de M. Louis Chomel en les inhumant dans l'église, car depuis 1663 on n'enterrait plus dans l'église que les riches, nobles ou bourgeois, qui y possédaient des tombes particulières ; et en 1776, intervint une ordonnance royale interdisant les inhumations dans les églises. (Voir Emmanuel Nicod, *Histoire de l'ancienne église Notre-Dame.)*

(2) Lors de la démolition de l'église Notre-Dame en 1913, des fouilles furent ordonnées par le Conseil municipal à la requête de la famille et de M. le curé Mirabel Chambaud, mais ne donnèrent aucun résultat. Il est à croire que les ossements du Béat et de Mlle Gourdan furent mis à nu dans le caveau avec beaucoup d'autres en 1793, lors de la visite des caveaux de l'église par les révolutionnaires, chercheurs de salpêtre. A ce moment, les sépultures furent violées! les bierres enlevées et leurs débris emportés. Les ossements laissés dans les caveaux furent sans doute compris dans le groupe de squelettes, mis à découvert en février

Tous les deux en effet d'une vertu rare, d'une piété éminente, d'une charité incroyable pour les pauvres, parvenus à la vieillesse, au milieu des jeûnes, des veilles multipliées, des macérations, que les prétendus sages du monde regardent comme des attentats à l'humanité, et que les ennemis de la pénitence accusent d'abréger les jours, tandis que plus ordinairement elles les prolongent ; ils avaient été pendant leur vie l'édification de la ville d'Annonay et des pays circonvoisins, et ils en étaient devenus après leur mort la consolation par la juste espérance que faisaient concevoir les grâces dont ils avaient été favorisés sur la terre, d'une puissante protection auprès de Dieu dans le ciel.

Mais des traits particuliers, suite de leur caractère, ou des grâces du Seigneur qui opèrent diversement dans les âmes, discernèrent leur vertu. Mademoiselle Gourdan naturellement décidée, franche, ouverte, faisait tout ce qu'elle pouvait pour servir Dieu et lui témoigner son amour; elle se rassurait ensuite sur ses mirérisordes et n'était point scrupuleuse. M. Chomel, non moins vrai, mais plus timide, et né avec une âme plus sensible, apportait dans son amour pour Dieu une délicatesse de sentiments qui lui faisait toujours craindre de l'offenser en ses actions, de ne pas l'aimer assez, de ne pas faire pour lui ce qu'il pouvait et ce qu'il devait. Delà, celle-là était toujours gaie et avait l'air calme et serein ; celui-ci au contraire

---

1913 dans un caveau sous une des chapelles latérales, lesquels ont été recueillis avec soin pour être transportés au cimetière de la Croisette. (*Gazette d'Annonay*, 22 février 1913.)

A défaut d'ossements, un morceau de la redingote du Béat nous a été conservé par M. Giraud, son neveu avec cette mention écrite par lui : « Ce morceau de drap a été coupé de l'habit du pieux Monsr Chomel « le béat qui est mort avec le 23me 9bre 1774 à sept heures du matin, « en odeur de sainteté, dans la 78e année de son âge, il a été enterré « fort respectueusement le 24me du dit à dix heures du matin, dans la « chapelle de notre Dame, auprès de la vertueuse demoiselle de Gour- « dan ; tous les corps se sont fait un devoir et un honneur d'y assister, « et les pauvres dont il était le père y étaient en foule pour verser des « larmes sur la perte qu'ils faisaient et pour prier le Seigneur de substi- « tuer en sa place quelque âme charitable qui comme lui les assistât « dans leur besoin ; *Requiescat in pace*, le priant de se ressouvenir du « soussigné son parent (B. C.).

« GIRAUD. »

paraissait souvent triste, inquiet, tourmenté. Catherine Gourdan ne croyait rien au-dessous d'elle et pratiquait comme naturellement les œuvres de la plus profonde humilité, évitant soigneusement tout ce qui aurait pu réveiller en elle les mouvements de l'orgueil et de la vanité ; mais elle ne se dissimulait pas qu'elle avait reçu de Dieu des grâces plus abondantes qu'une infinité d'autres et honorait en elle ses grands dons pendant qu'elle s'anéantissait à la vue de sa propre misère. Louis Chomel, au contraire, non seulement ne croyait rien au-dessous de lui, mais il était parvenu à se persuader qu'il était réellement au-dessous de tout le monde, et presque à se placer au rang des plus abominables pécheurs.

L'une d'un zèle vif et animé ne pouvant ni réprimer sa douleur, ni cacher son émotion à la vue de tout ce qui offensait son Dieu, ne craignait pas de reprendre, de corriger, de parler avec force et autorité ; l'autre non moins zélé qu'elle, mais n'ayant les yeux ouverts que sur lui-même, toujours occupé à s'étudier, reprenait difficilement, ou n'apercevait pas les défauts d'autrui, ou ne les apercevait que pour faire des comparaisons à son désavantage. On respectait et on craignait Mademoiselle Gourdan : on respectait et on aimait M. Chomel; c'était quelque chose d'assez singulier de les entendre parler l'un de l'autre ; ils se traitaient mutuellement de saints ; ils relevaient mutuellement leurs mérites et leurs vertus ; ils enviaient le sort l'un de l'autre ; ils n'aspiraient, disaient-ils, qu'à avoir la même perfection et la même sainteté, tandis que le public ne savait à qui accorder la supériorité, et lequel des deux devait être le plus grand devant le Seigneur ; et qu'un chacun se serait glorifié de posséder dans le moindre degré les vertus qui les distinguaient.

FIN

Ascendance de Louis Chomel d'après la généalogie établie par lui.

François-Martin CHALMEL DI VARAGNAS (acte de 1044).

1. Martin CHOMEL DE VARAGNES, vivant en 1299.
2. Jean CHOMEL DE VARAGNES, vivant en 1340.
3. Mathieu CHOMEL DE VARAGNES, vivant en 1370.
4. Jean CHOMEL DE VARAGNES, vivant en 1408.
5. Barthélemy CHOMEL DE VARAGNES, vivant en 1445.
6. Vital CHOMEL DE VARAGNES, vivant en 1485.
7. Barthélemy CHOMEL, sorti DE VARAGNES, vivant en 1515.
8. Bernardin CHOMEL, son fils unique, vivant en 1540.
9. Barthélemy CHOMEL, né en 1555, mort en 1628.
10. Pierre CHOMEL, né en 1599, mort en 1664.
11. Louis CHOMEL DE JARNIEU, né en 1644, mort en 1694.
12. Louis CHOMEL DE JARNIEU, né en 1678, mort en 1737.
13. Louis CHOMEL (le Béat), né en 1697, mort en 1774, qui céda ses droits à son frère cadet Jean CHOMEL DE JARNIEU.

Descendance des frères et sœurs de Louis Chomel.

Generatio rectorum benedicetur.

Louis CHOMEL resté célibataire avait de nombreux frères et sœurs. Nous donnons la filiation de ceux et celles ayant laissé une postérité. Pour ne pas charger ces notes généalogiques déjà considérables, nous n'avons mentionné que les personnes ayant laissé une postérité encore existante. Nous n'avons fait suivre les noms de ces personnes que de la date de leur naissance et du nom de leur conjoint. Les personnes qui désireraient plus amples renseignements pourront les obtenir du détenteur des notes recueillies par nous.

Les frères et sœurs de Louis CHOMEL ayant laissé une postérité sont, par ordre de naissance :

I. Jean CHOMEL DE JARNIEU (1699), marié à Marianne VEYRE.

II. Théodore CHOMEL (1701), marié à Marie-Françoise JOURDAN.

III. Marie-Madeleine CHOMEL (1703), mariée à Vincent FOURNAT.

IV. Catherine CHOMEL (1704), mariée à Mathieu DURET.

V. Marianne CHOMEL (1712), mariée à Thomas PASCAL.

CHAPITRE PREMIER

Descendance de Jean CHOMEL

1. Jean Chomel de Jarnieu (1699), marié à Marianne Veyre, d'où :
   - A. Louis Chomel de Jarnieu (1728), marié à Jeanne Granjon.
   - B. Siméon Chomel (1731), marié à Marie Veyre.
   - C. Jeanne Chomel (1737), mariée à Pierre Dumalle.

§ 1. — Branche A.

Louis Chomel de Jarnieu, marié à Jeanne Granjon, d'où :

- I. Louis-Pierre Chomel de Jarnieu (1766), dont la postérité s'est éteinte en 1865 en la personne de son fils Louis, qui a testé en faveur de Siméon Chomel, ci-après (p. 140).
- II. Jean-François Chomel (1771), marié à Françoise Montagnier, d'où :
  - A. François-Gaspard Chomel (1814), marié à Thérèse Desgrand, d'où :
    - *a)* Vincent-François Chomel (1847), marié à Louise Perrachon, d'où :
      - *a.* 1) Claude-François Chomel (1879), marié à Marie-Madeleine Michon, d'où :
        - *a')* François-Xavier Chomel (1911).
        - *b')* Monique-Marie-Antoinette Chomel (1912).
        - *c')* Marie-Françoise-Bénédicte Chomel (1917).
        - *d')* Michel-Marie Chomel (1920).
        - *e')* Joseph Chomel (1922).
        - *f')* Jean Chomel ( ).
        - *g')* Germain Chomel ( ).

a. 2*)*. Bénédicte-Antoinette Chomel (1881), mariée à Émile Copéré, d'où :

a') Louis Copéré (1904).
b') Anne-Marie Copéré (1907).
c') Antoine Copéré (1908).
d') Suzanne Copéré (1910).
e') Cécile Copéré (1912).
f') Marie-Louise Copéré (1913).
g') Paul Copéré (1916).
h') Pierre Copéré (1917).

a. 3*)* Marie-Louise-Augustine Chomel (1884), mariée à Claude Goyet, d'où :

a') Jacques Goyet (1909).
b') Paul Goyet (1911).
c') Louis Goyet (1914).
d') Odile Goyet (1920).

a. 4*)* Louis Chomel (1889), marié à Thérèse Chupin, d'où :

a') Loïs Chomel (1921).
b') Yves Chomel ( ).
c') Marie-Antoinette Chomel ( ).

a. 5*)* Édouard Chomel (1890), marié à Suzanne Guillot.

b) Jean-Ennemond-Antoine Chomel (1848), chanoine titulaire de la cathédrale de Saint-Jean à Lyon.

c) Jean-Baptiste Chomel (1851), marié à Henriette Couette, s. p.

d) Thérèse Chomel (1856), mariée à Victor Perret, d'où :

d. 1. Marie-Thérèse Perret (1880), mariée à Marius Labe, d'où :

a') Marguerite Labe (1904).
b') Fleury Labe (1906).
c') Victor Labe (1907).
d') Jean Labe (1909).
e') Joseph Labe (1911).
f') Cécile Labe (1915).
g') Marcel Labe (1916).

h') Georges Labe (1917).
i') N... Labe (1920).

d. 2. Marie-Louise Perret (1882), mariée à Marcel Monmarché, d'où :
a') Jean Monmarché (1907).
b') Paul Monmarché (1909).
c') Hubert Monmarché (1913).
d') Marie Monmarché (1915), ~~mariée à Jean-Victor Perret.~~
e') Henri Monmarché (1919).

d. 3. Victor Perret (1883), marié à Yvonne Duret, d'où :
a') Yvan Perret (1910).
b') Robet Perret (1912).
c') Charles Perret (1917).
d') Louis Perret (1920).
e') Joseph Perret (1920).
f') Colette Perret (1923).

d. 4. Marie-Antoinette Perret (1885), religieuse de Saint-Vincent-de-Paul.

d. 5. Louis Perret (1887), prêtre.

d. 6. Marie-Pauline Perret (1891), mariée à Carlos Teeling, s. p.

d. 7. Marie-Amélie Perret (1892), mariée à Jean Duret, d'où
a') Albert Duret (1915).
b') Simone Duret (1919).
c') Daniel Duret (1921).

d. 8. Jean-Victor Perret (1895), marié à Marie Monmarché, ~~sa nièce,~~ d'où :
Geneviève Perret (1924).

§ II. — Branche B.

Siméon Chomel (1731), marié à Marie Veyre, d'où :

I. Louis Chomel (1770), marié à Gabriel Viret, d'où :

A. Louis-Antoine Chomel (1811), marié à Charlotte Thibaud, d'où :

a) Rose-Antoinette-Gabrielle CHOMEL (1854), mariée à Emmanuel GONSOLLIN, d'où :

1. Bonne-Élisabeth-Aimée (1876), mariée à Paul PERRIN, d'où :
   - *a')* Anne PERRIN (1903).
   - *b')* Emmanuel PERRIN (1905).
   - *c')* Bruno PERRIN (1907).
   - *d')* France PERRIN (1914).
   - *e')* Marie-Paule PERRIN (1918).
2. Rose-Emmanuelle-Louise (1879), mariée à Charles ROUVEURE, d'où :
   - *a')* Charles-Emmanuel ROUVEURE (1910).
   - *b')* Henri ROUVEURE (1912).
   - *c')* Geneviève ROUVEURE (1915).
   - *d')* Maurice ROUVEURE (1917).
   - *e')* Hugues ROUVEURE (1920).
   - *f')* Marie-Gabrielle ROUVEURE (1924).
3. Maurice GONSSOLLIN (1885), marié à Blanche DE LAMONTA, mort à la guerre.

b) Augustin-Marie CHOMEL (1857), marié à Suzanne LOMBARD, d'où :

1. Antoine CHOMEL (1889), marié en premières noces à Marguerite PATRICOT, d'où :
   - *a')* Jean CHOMEL (1919).
   - *b')* Bruno CHOMEL (1921).

   Marié en secondes noces à Mlle HARENT.
2. Marie-Albine CHOMEL (1890), mariée à Ludovic LE MASNE, d'où :

   Henri LE MASNE (1922).
3. Marguerite CHOMEL (1892), mariée à Georges THALLER d'où :
   - *a')* Jean THALLER (1920).
   - *b')* Luc THALLER (1921).
   - *c')* Suzanne THALLER (1923).
   - *d')* Bernard THALLER (1925).
   - *e')* Micheline THALLER (1927).
4. Paul CHOMEL (1894), marié à Madeleine MARESCHAL, d'où :
   - *a)* Philippe CHOMEL (1925).

b') Amédée Chomel (1926).

c) Louis-Philibert Chomel (1861), marié à Marthe Bros, d'où :

1, Pierre Chomel (1890), marié à Renée de la Lombardière de Canson, d'où :

a') Vital Chomel (1922).

b') André Chomel (1924).

c') Robert Chomel (1927).

2. Marie-Brunchilde Chomel (1892), mariée à Léon Gouy, d'où :

a) Jean Gouy (1920).

b) Maurice Gouy (1921).

c) Bruno Gouy (1922).

d) Marthe Gouy (1924).

3. Louis Chomel (1893), marié à Suzanne Mascret, d'où :

a) Jacques Chomel (1925).

b) Geneviève Chomel (1926).

4. Gabrielle Chomel (1895).

II. Antoine Chomel (1774), marié à Jeannette Ravinel, d'où :

A. Antoine-Siméon Chomel (1805), marié à Françoise dite Fanny Giraud, d'où :

a) James Chomel (1832), marié à Louise Desgrand, d'où :

1° Marc Chomel (1865), marié à Jeanne Sabran, d'où :

a') Marc Chomel (1893), marié à Marcelle Raynaud, d'où

Bernard Chomel (1924).

François Chomel (1925).

2° Paul Chomel de Jarnieu (1867), marié à Édith Bô, d'où :

a') Pierre Chomel de Jarnieu (1891), marié à Simone Daveluy, d'où :

Jacqueline Chomel (1919).

Philippe Chomel (1921).

Pierrette Chomel (1925).

b') Jacques Chomel de Jarnieu (1892), marié à Marie-Louise de Chappuy de Montlaville.

c) Philippe CHOMEL DE JARNIEU (1895) mariste, mort à la guerre.

b) Marie CHOMEL (1837), mariée à Mathieu BÉCHETOILLE, d'où :

1° Camille BÉCHETOILLE (1862), marié à Jeanne BÉCHETOILLE, d'où :

a') Andrée BÉCHETOILLE (1889).

b') Max BÉCHETOILLE (1891), marié à Marie GRAWITZ, d'où :

1° Henriette BÉCHETOILLE (1925).

2° Colette BÉCHETOILLE (1927).

c') Simone BÉCHETOILLE (1893), mariée à Gonzague SEGUIN, d'où :

Emmanuel SEGUIN (1914).

Odile SEGUIN (1916).

Raymond SEGUIN (1919).

Yvonne SEGUIN (1920).

Pierre SEGUIN (1922).

d') Geneviève BÉCHETOILLE (1895), mariée à Roger SEGUIN, d'où :

Mathilde SEGUIN (1922).

Sabine SEGUIN (1922).

e') Antoine BÉCHETOILLE (1898).

c) Siméon CHOMEL (1839), marié à Pauline DURET, d'où :

1° Louis CHOMEL (1872), marié à Renée DE MONTGOLFIER.

2° Émile CHOMEL (1874), marié à Lucie MULAT, d'où :

a') Raymond CHOMEL (1897), marié à Marcelle SCHWICH. d'où :

Madeleine CHOMEL (1920).

Claude CHOMEL (1922).

Françoise CHOMEL (1923).

Gilles-Alfred-Henri CHOMEL (1926).

Alfred-Pierre-Paul CHOMEL (1927).

b') Henri CHOMEL (1898).

c') André CHOMEL (1901).

d') Georges CHOMEL (1902).

e') Pauline CHOMEL (1904).
f') Charles CHOMEL (1906).
g') Françoise CHOMEL (1907).
3° James CHOMEL (1875), marié à Élisabeth SCHWICH.
4° Joseph CHOMEL (1880).
d) Isabelle CHOMEL (1848), marié à Fleury CHANTRE.
1. Joseph CHANTRE (1880), mort à la guerre, marié à Anne BOUSSON, d'où :
a') Noelle CHANTRE (1912).
b') Colette CHANTRE (1913).
2° Louise CHANTRE (1883), mariée à Henri DUCHAMP, d'où :
a') Marc DUCHAMP (1908).
b') Geneviève DUCHAMP (1909), mariée à Jean COUMERT.
c') Jacques DUCHAMP (1911).
d') Marie-Joseph DUCHAMP (1913).
e') Michel DUCHAMP (1922).
3° Antoine CHANTRE (1885), Jésuite.
4° Madeleine CHANTRE (1893), mariée à Marc CAVILLE, d'où :
a') Georges CAVILLE (1921).
b') Isabelle CAVILLE (1922).
c') Françoise CAVILLE (1924).
d') Marie CAVILLE (1926).
e) Benjamin CHOMEL (1849), marié à Irma DE PRANDIÈRES, d'où :
1. Marthe CHOMEL (1885).
2. Rose CHOMEL (1887), mariée à Eugène COMTE, d'où :
a') Pauline COMTE (1913).
b') Agnès COMTE (1916).
c') Albert COMTE (1921).
d') Cécile COMTE (1921).
e') Thérèse COMTE (1926).
3. Joseph CHOMEL (1888), mort des suites de la guerre marié à Paule DE LA POIX DE FRÉMINVILLE, d'où :

a') Josette CHOMEL (1921).
b') Alain CHOMEL (1924).
4. Louise CHOMEL (1890), mariée à Ennemond FESSY, d'où :
a') Marthe FESSY (1912).
b') Paul FESSY (1914).
c') Georges FESSY (1916).
d') Édouard FESSY (1917).
e') Martial FESSY (1926).
5. Régis CHOMEL (1891).
6. Cécile CHOMEL (1893), mariée à Charles Huot DE NEUVIER, d'où :
Bernard DE NEUVIER (1922).
7. Martial CHOMEL (1895), marié à Marie GUILLOUD DE COURBEVILLE, d'où :
Vital CHOMEL (1926).
8. Louis CHOMEL (1896), marié à Marie AUDRAS, d'où :
a') Jacques CHOMEL (1926).
b') Iwan CHOMEL (1927).
9. Marie CHOMEL (1898), mariée à Noël FESSY, d'où :
a') René FESSY (1921).
b') Odette FESSY (1922).
c') Yvette FESSY (1923).
d') Ennemond FESSY (1924).
e') Cécile FESSY (1926).
f') Emmanuel FESSY (1927).

§ III. — BRANCHE C.

C. Jeanne CHOMEL (1737), mariée à Pierre DUMALLE, d'où :
1. François-Pierre DUMALLE (1772), marié à Françoise MONTAGNIER, d'où :
a) Alphonse DUMALLE (1802), marié à Fanny CHOMEL, d'où :
1° Mélanie DUMALLE (1829), mariée à Nicolas GAYME, d'où :

a') Marie Gayme (1851), mariée à Paul Capitan.
b') Félix Gayme (1861), marié à Amélie Bravais.

2° Alphonse Dumalle (1833), marié à Alice d'Orgeval-Dubouchet, d'où :

a') Louis Dumalle (1861), marié à Élise Placy.
b') Blanche Dumalle (   ), mariée à Alphonse Martin.
c') Mélanie Dumalle (   ), mariée à Célestin Barbe.

CHAPITRE II

Descendance de Théodore CHOMEL

II. Théodore CHOMEL (1901), marié à Marie JORDAN, d'où :
Louis-Théodore CHOMEL (1737), marié à Claudine-Catherine DE LUZY, d'où :
Catherine-Claudine-Françoise CHOMEL (1771), mariée à Théophile DUFAURE DE CITRES, d'où :
A. Antoine DUFAURE DE CITRES (1806), marié à Analie DE LUZY, d'où :
a) René DUFAURE DE CITRES (1847), marié à Marie DU LAC DE FUGÈRES, d'où :
René DUFAURE DE CITRES.
Antoine DUFAURE DE CITRES.
Marie DUFAURE DE CITRES.
B. Fanny DUFAURE DE CITRES (1811), marié au vicomte DE CROZET, d'où :
Mlle DE CROZET ( ), mariée à M. DE CASTELLI, d'où :
Le général DE CASTELLI ( ), marié à d'où :
a) Robert DE CASTELLI, mort à la guerre.
b) Madeleine DE CASTELLI, mariée à BONDET DE DRAMAR.
C. Charles DUFAURE DE CITRES (1813), marié à Séraphine DE JULIEN DE VILLENEUVE, d'où :
1. Abel DUFAURE DE CITRES (1866), marié à Marguerite MIGNOT, d'où :
a) Charles DUFAURE DE CITRES (1900), mort à la guerre.
b) Édith DUFAURE DE CITRES (1901), mariée à Jean GUÉRIN-LONG, d'où :
Charles GUÉRIN-LONG (1923).
2. Gabriel DUFAURE DE CITRES (1871), marié à Agathe DE SÉVINS, d'où :

a) Marie DUFAURE DE CITRES (1902), mariée au lieutenant VITTE.

b) Yvonne DUFAURE DE CITRES (1903).

c) Régis DUFAURE DE CITRES (1913).

3. Joseph DUFAURE DE CITRES (1876), marié à Marie BARAILLER, d'où :

a) Marie-Aimée DUFAURE DE CITRES (1902), mariée à Paul VARILLON, d'où :

Marie-Thérèse VARILLON (1925).

b) Abel DUFAURE DE CITRES (1903), marié à Marguerite FERRIER.

c) Gabrielle DUFAURE DE CITRES (1906).

d) Paule DUFAURE DE CITRES (1908).

e) Jacques DUFAURE DE CITRES (1910).

f) Denise DUFAURE DE CITRES (1914).

g) Josette DUFAURE DE CITRES (1917).

4. Paul DUFAURE DE CITRES (1878), marié en premières noces à , d'où :

a) Andrée DUFAURE DE CITRES.

Et en secondes noces à Berthe CHAMBOVET, d'où :

b) Gabriel DUFAURE DE CITRES (1925).

c) Charles DUFAURE DE CITRES (1927).

D. Louise DUFAURE DE CITRES (1814), mariée à Jules DE LAGREVOL, d'où :

I. Antoine DE LAGREVOL (1834), marié à Marie ALLEMAND, d'où :

a) Hippolyte DE LAGREVOL ( ), marié à Marie BUISSON, d'où :

1° Louise DE LAGREVOL, religieuse.

2° Henri DE LAGREVOL, jésuite.

3° Odile DE LAGREVOL, mariée à Pierre HUOT DE NEUVIER.

4° Marie-Josèphe DE LAGREVOL.

5° Madeleine DE LAGREVOL.

II. Hippolyte DE LAGREVOL ( ), marié à Louise RIOU, d'où :

a) Marius DE LAGREVOL (1862), marié à Marthe GIRAUD, d'où :

1° Antoine DE LAGREVOL (1900).

2° Yvonne de Lagrevol (1902).
3° Léonce de Lagrevol (1903).
4° Louise de Lagrevol (1906), mariée à Marcel Borne, d'où :
Marie-Joseph Borne (1926).
5° Marguerite-Marie de Lagrevol (1920).
b) Antoine de Lagrevol (1864), marié à Suzanne Trouiller, d'où :
1° Marie-Louise de Lagrevol (1895), mariée à Pierre de Lavalette.
2° Régis de Lagrevol (1897), marié à Élisabeth Favre.
3° Suzanne de Lagrevol (1900), mariée à René de Glo de Besses.
III. Antoinette de Lagrevol ( ), mariée au docteur de Glo de Besses, d'où :
a) Louis de Glo de Besses (1899), marié à Irma de Glo de Besses, d'où :
1° Mlle
2° Mlle
b) Marc de Glo de Besses ( ), marié à Madeleine Giraud, d'où :
1° Marie-Antoinette de Glo de Besses (1899), mariée à Henri de Glo de Besses, d'où :
Marc de Glo de Besses (1924).
Jacqueline de Glo de Besses (1925).
2° Valentine de Glo de Besses (1908).
3° Joseph de Glo de Besses (1910).
IV. Élisa de Lagrevol ( ), mariée au comte Angles, d'où :
a) Gabrielle Angles (1864), mariée à Paul Chambovet, d'où :
Berthe Chambovet ( ), mariée à Paul Dufaure de Citres (p. 145).
b) Marie-Louise Angles (1866), mariée à Gabriel Giraud et en deuxièmes noces à M. Monguilan.
c) Antoine Angles (1868).
V. Louise de Lagrevol, s. p.

CHAPITRE III

Descendance de Madeleine CHOMEL

III. Marie-Madeleine Chomel (1703), mariée à Vincent Fournat, d'où :

Louis Fournat (1720), marié à Marie Chomier, d'où :

Marie Fournat (1747), mariée à Laurent Giraud, d'où :

Laurent Giraud (1769), marié à Jeannette Tavernier, d'où :

I. Laurent Giraud (1900), marié à Annette Béchetoille d'où :

A. Johanny Giraud (1930), marié à Caroline Champanhet, d'où :

1° Paul Giraud ( ), marié à Annette Mignot ;

2° Marie Giraud (1872), mariée à Joseph Ribes, d'où :

a) Régis Ribes (1893), marié à Odette Brossette, d'où :

Jacques Ribes (1927).

b) Jeanne Ribes (1896), mariée à Richard du Monteiller, d'où :

Maurice Richard du Monteiller (1921).

Régis Richard du Monteiller (1922).

Colette Richard du Monteiller (1923).

c) Paule Ribes (1899), mariée à Ernest Parizet, d'où :

Ernest Parizet (1923).

Simone Parizet (1924).

Jean Parizet (1926).

d) Geneviève Ribes (1902), mariée à Guy Béchetoille, d'où :

Yvonne Béchetoille (1924).

Alain Béchetoille (1925).

Jean Béchetoille (1927).

B. Valérie GIRAUD (1833), mariée à Auguste DE MONTGOLFIER (v. p. 150).

C. Mery GIRAUD (1838), mariée à Vincent MIGNOT (v. p. 175).

D. Ferdinand GIRAUD (1835), marié à Louise BÉCHETOILLE, d'où :

1° Rose GIRAUD (1872), mariée à Marc POULY, d'où :
Mathilde POULY (1893), mariée à Auguste DE COLONJON, d'où :
Geneviève DE COLONJON (1915).
Raymond DE COLONJON (1916).

2° Émile GIRAUD (1867), marié à Eugénie ROUX, d'où :
Marcel GIRAUD (1899).

E. Benjamin GIRAUD (1843), marié à Valentine BÉCHETOILLE, d'où :

1° Anna GIRAUD (1871), mariée à Joseph DIDOT, d'où :
a) Marie-Thérèse DIDOT (1899), dominicaine.
b) Charles DIDOT (1901), marié à Jacqueline NICOLAS.
c) Henri DIDOT (1902), prêtre.

2° Joseph GIRAUD (1873), célibataire.

3° Madeleine GIRAUD (1877), mariée à Henri DE GLO DE BESSES (v. p. 146).

4° Fanny GIRAUD (1878), mariée à Claudius GILLIER, s. p.

5° Marthe GIRAUD (1879) mariée à Marius DE LAGREVOL (v. p. 145).

6° Louise GIRAUD (1883), mariée à Charles DE L'HERMUZIÈRE, d'où :
a) Régis DE L'HERMUZIÈRE (1908).
b) Marie Blanche DE L'HERMUZIÈRE (1909).
c) Émile DE L'HERMUZIÈRE (1911).
d) Thérèse DE L'HERMUZIÈRE (1913).
e) Laurent DE L'HERMUZIÈRE (1916).
f) Jean DE L'HERMUZIÈRE (1917).

7° Benjamin GIRAUD (1887) marié à Amélie BLACHIER, d'où :

a) Laurent GIRAUD (1916).
b) Madeleine GIRAUD (1918).
c) Jean GIRAUD (1920).
d) Robert GIRAUD (1923).
e) Geneviève GIRAUD (1926).

8° Laurent GIRAUD (1890), mort à la guerre.

II. Louise GIRAUD (1805), mariée à Charles DE MONTGOLFIER, d'où :

A. Charles dit Carl DE MONTGOLFIER (1824), marié à Adèle BERGER, d'où :

Félix DE MONTGOLFIER (1855), marié à Jeanne LE MIRE, d'où :

1° Jean DE MONTGOLFIER (1882), marié à Angèle BÉCHETOILLE, d'où :

a) Félix DE MONTGOLFIER (1909).
b) François DE MONTGOLFIER (1910).
c) Jacqueline DE MONTGOLFIER (1911).
d) Bernadette DE MONTGOLFIER (1914).
e) Charles DE MONTGOLFIER (1916).
f) Marie-Antoinette DE MONTGOLFIER (1917).
g) Anne DE MONTGOLFIER (1921).
h) Bernard DE MONTGOLFIER (1924).

2° Madeleine DE MONTGOLFIER (1884), mariée à Raoul GUÉRIN, d'où :

a) Félicie GUÉRIN (1908).
b) Raymond GUÉRIN (1909).
c) Maurice GUÉRIN (1910).
d) Geneviève GUÉRIN (1911).
e) Henri GUÉRIN (1913).

3° Albine DE MONTGOLFIER (1887), mariée à André SALEON-TERRAS, d'où :

a) Édith SALEON-TERRAS (1911).
b) Marthe, Alexandrine SALEON-TERRAS (1911).
c) Suzanne SALEON-TERRAS (1913).
d) Monique SALEON-TERRAS (1916).
e) Henry, Just, Eugène, Marie SALEON-TERRAS (1922).
f) Chantal, Marie, Marie, Hélène SALEON-TERRAS (1926).

4° Georges DE MONTGOLFIER (1888), marié à Catherine RASTOIN, d'où :

a) Frank DE MONTGOLFIER (1920).

b) Benedicte DE MONTGOLFIER (1921).

c) Clotilde DE MONTGOLFIER (1923).

d) Marie-Pierrette DE MONTGOLFIER (1924).

e) Gaël DE MONTGOLFIER (1925).

f) Patrice DE MONTGOLFIER (1926).

5° Gérard DE MONTGOLFIER (1889), marié à Germaine LAUGIER, d'où :

a) Madeleine DE MONTGOLFIER (1917).

b) Mireille DE MONTGOLFIER (1920).

c) Fabienne DE MONTGLOFIER (1921).

d) Hélène DE MONTGOLFIER (1923).

e) Agnès DE MONTGOLFIER (1924).

f) Robert DE MONTGOLFIER (1925).

g) André DE MONTGOLFIER (1927).

6° Charles DE MONTGOLFIER(1892),lieutenant, mort à la guerre.

B. Auguste DE MONTGOLFIER (1828), marié à Valérie GIRAUD, d'où :

1° Julie DE MONTGOLFIER (1858), mariée à Louis MIGNOT, d'où :

a) Louis MIGNOT (1879), marié à Hélène PAVIN DE LA FARGE, d'où :

Marcelle MIGNOT (1906).

Louis MIGNOT (1906).

Marie MIGNOT (1909).

Jeanne MIGNOT (1915).

Régis MIGNOT (1918).

Augustin MIGNOT (   ).

b) Marcel MIGNOT (1880), marié à Blanche PAVIN DE LA FARGE, d'où :

Henri MIGNOT (1906).

Benedicte MIGNOT (1907).

Bernard MIGNOT (1908).

Gabriel MIGNOT (1910).

Hélène MIGNOT (1915).

Emmanuel MIGNOT (1918).

Jacques Mignot (1920).
Jean Mignot (1922).

c) Marie Mignot (1886), mariée à Bernard Hoppenot, d'où :
Marie Hoppenot (1907).
Stephanie Hoppenot (1908).
Germaine Hoppenot (1910).
Henri Hoppenot (1912).
Bornadette Hoppenot (1914).
Émile Hoppenot (1917).
Françoise Hoppenot (1919).

d) Jeanne Mignot (1889), mariée à Joseph de Montgolfier, d'où :
Régis de Montgolfier (1909).
Angèle de Montgolfier (1910).
Marie de Montgolfier (1912).
Laurent de Montgolfier (1914).
Claude de Montgolfier (1916).
Emmanuel de Montgolfier (1920).
Henri de Montgolfier ( ).

e) Édith Mignot (1891), mariée à Hugues Neyrand, s. p.

f) Valérie Mignot (1892), mariée à Robert de Goy, d'où :
Pierre de Goy (1920).
Anne-Marie de Goy (1921).
Louis de Goy ( ).
Hubert de Goy (1924).

g) Rose Mignot (1892), mariée à Étienne Maitre, d'où :
Sabine Maitre (1920).
Gérard Maitre (1922).
Marie-Noëlle Maitre ( ).

h) Germaine Mignot (1895), religieuse du Sacré-Cœur.

2° Augustin de Montgolfier (1870), marié à Anna Malartre, d'où :

a) Yves de Montgolfier (1897), mort à la guerre.

b) Geneviève DE MONTGOLFIER (1898), mariée à René BEYLIER, d'où :
Odile BEYLIER (1921).
Monique BEYLIER (1922).
Yves BEYLIER (1923).
Régis BEYLIER (1925).
Claire BEYLIER (1926).
c) Auguste DE MONTGOLFIER (1899), marié à Marguerite TRONEL.
d) Marie-Thérèse DE MONTGOLFIER (1900), mariée à Victor GILLIER, d'où :
Eugène GILLIER (1924).
Michel GILLIER (1925).
Annie GILLIER (1926).
e) Michel DE MONTGOLFIER (1902).
f) Eugène DE MONTGOLFIER (1906).
g) Étienne DE MONTGOLFIER (1907).
h) Odette DE MONTGOLFIER (1910).
i) Paul DE MONTGOLFIER (1913).
j) Yvonne DE MONTGOLFIER (1918).
C. Élisa DE MONTGOLFIER (1830), mariée à Laurent BÉCHETOILLE (v. aux Béchetoille, p. 165).
D. Joséphine DE MONTGOLFIER (1832), mariée à Francisque MAS d'où, par adoption : Marie MAS, mariée à Antoine BRACHET.
III. Fanny GIRAUD (1810), mariée à Antoine CHOMEL (v. aux Chomel, p. 139).
IV. Jules GIRAUD (1813), marié à Élisa BÉCHETOILLE d'où :
A. Félicie GIRAUD (1850).
B. Marie GIRAUD (1858), mariée à Léon NIBOYET, d'où :
1° Juliette NIBOYET (1881), mariée à Paul BONNET, d'où :
a) Alice BONNET (1906), mariée à Roger MOIRAUD.
b) Suzanne BONNET.
c) Émile BONNET.
2° André NIBOYET (1885).

3º Paul NIBOYET (1887), marié à Marthe BILLOTTE, d'où :

a) Marie NIBOYET.

b) Madeleine NIBOYET.

4º Marc NIBOYET.

5º Élisabeth NIBOYET (1893), mariée à J. FALCONNET.

C. Emma GIRAUD (1871), mariée à Bernard BORIONE. d'où :

1º Élisabeth BORIONE (1903).

2º René BORIONE (1905).

3º Rose BORIONE (1907).

4º Germaine BORIONE (1911).

CHAPITRE IV

Descendance de Catherine CHOMEL

Catherine Chomel (1704), mariée à Mathieu Duret, d'où :

§ I. — Les DURET.

I. Charles-Louis Duret (1728), marié à Marianne Jacquier, d'où :

A. Mathieu Duret (1758), marié à Jeanne-Catherine de Montgolfier, d'où :

1° Pauline Duret ( ), mariée à Élie de Montgolfier (voir § II).

2° Marianne Duret ( ), mariée à Laurent Béchetoille (voir § III).

3° Rose-Augustine Duret ( ), mariée à Marc Seguin (voir § IV).

4° Hélène Duret ( ), mariée à Hippolyte Boissonnet (voir § V).

5° Thomas Duret ( ), marié à Joséphine Perrin, d'où :

Pauline Duret (1847), mariée à Siméon Chomel (voir p. 140).

B. Marie-Élisabeth Duret ( ), mariée à André Béchetoille (voir § III).

C. Charles Duret (1772), marié à Anne Duret, d'où :

1° Laurent Duret ( ), marié à Françoise Duret, d'où :

a) Mathilde Duret (1830), mariée à Hippolyte Bollon de Clavière, d'où :

Gaston de Clavière ( ), marié à Marie Lacaze, s. p.

b) Annette Duret (1831), marié à Eugène Béchetoille, d'où :

a) Valentine BÉCHETOILLE ( ), mariée à Benjamin GIRAUD (voir p. 148).

b) Francis BÉCHETOILLE (1853), marié à Marie-Thérèse SEGUIN, d'où :

b) 1. Angèle BÉCHETOILLE (1885), mariée à Jean DE MONTGOLFIER (p. 149).

b) 2. André BÉCHETOILLE (1886), marié à

b) 3. Marie-Thérèse BÉCHETOILLE ( ), mariée à Jacques DE MONTGOLFIER, d'où :

Hugues DE MONTGOLFIER (1913).
Étienne DE MONTGOLFIER (1914).
Chantal DE MONTGOLFIER (1917).
Françoise DE MONTGOLFIER (1918).
Thérèse DE MONTGOLFIER (1920).
Geneviève DE MONTGOLFIER (1921).
Marcel DE MONTGOLFIER (1922).
Paule DE MONTGOLFIER (1924).
Yvonne DE MONTGOLFIER (1926).

b) 4. Jeanne BÉCHETOILLE ( ), mariée à Jean BALLEDIER, d'où :

Jean BALLEDIER (1920).
Pierre BALLEDIER (1921).
Nicole BALLEDIER (1921).
Janine BALLEDIER (1926).

2° Louise DURET ( ), mariée à Charles DURET, son oncle, d'où :

Berthe DURET ( ), mariée à Anatole DUFOUR, d'où : une fille mariée à M. JANMOT, fils du peintre s. p.

3° Eugénie DURET ( ), mariée à Gaston LACAZE, d'où : Gaston LACAZE, docteur ( ), s. p.

II. Jacques-Vincent DURET (1734), marié à Antoinette JACQUIER (voir § VI. Les Mignot).

III. Marianne DURET (1736), mariée à Jean-Baptiste DESGRAND (voir § VII. Les Desgrand).

IV. Catherine DURET (1739), mariée à Jean-François-Xavier FRACHHON (voir § VIII. Les Frachon).

§ II. — Les MONTGOLFIER.

Catherine CHOMEL (1704), mariée à Mathieu DURET, d'où :

Charles DURET (1728), marié à Marianne JACQUIER, d'où :

Mathieu DURET (1758), marié à Jeanne-Catherine MONTGOLFIER, d'où :

Pauline DURET (1780), mariée à Élie DE MONTGOLFIER, d'où :

I. Raymond DE MONTGOLFIER (1812), marié à Julie SEGUIN, d'où :

A. Auguste DE MONTGOLFIER (1842), marié à Jeanne DESPRÉS, d'où :

1° Raymond DE MONTGOLFIER (1874), marié à Louise DE RIVAUD DE LA RAFINIÈRE, d'où :

Jean DE MONTGOLFIER (1908).

2° Pierre DE MONTGOLFIER (1880).

3° Henriette DE MONTGOLFIER (1882), mariée à Gilbert CAMEL, d'où :

Jacqueline CAMEL (1909).

4° Germaine DE MONTGOLFIER (1884).

B. Rose DE MONTGOLFIER (1845), mariée à Édouard AYNARD, d'où :

1° Marc AYNARD (1863), marié à Émilie-Annette ORIOL, d'où :

a) Edouard AYNARD (1893).

b) Hélène AYNARD (1894), mariée à Robert HESLAY.

c) Gilbert AYNARD (1896).

2° Joséphine AYNARD (1865), mariée à Charles JONNART, d'où :

Marie-Rose (   ), mariée à Jean DU SAULT.

3° Raymond AYNARD (1866), marié à Marthe GARIN, d'où :

a) Raymond AYNARD (1901).

b) Marie-Rose AYNARD (1903).

c) Colette Aynard (1905).
d) Françoise Aynard (1908.)

4° Pauline Aynard (1867), mariée à Henri Pensa, d'où :
a) Robert Pensa (1894), marié à Mlle de Lavalette
b) Renée Pensa (1895), mariée à M. Pavie.
c) Hélène Pensa (1897).
d) Pierre Pensa (1895).
e) Lucie Pensa (1900), mariée à M . Giraud-Jordan.

5° Francisque Aynard (1868), marié à Lucie Balourdet, d'où :
a) Max Aynard.
b) Marc Aynard (1898).
c) Jean Aynard (1900).
d) Nicole Aynard (1901), mariée à François Descours, d'où :
Robert Descours.
e) Florence Aynard (1903), mariée à Georges Villiers, d'où :
Monique Villiers.
Henri Villiers.
f) Denise Aynard (1905).
g) Solange Aynard (1908).

6° René Aynard (1870), marié à Thérèse Arbelot, d'où :
a) Marie Aynard (1898), mariée à Eugéne Vincent.
b) Pierre Aynard (1900), marié à Jeanne Balay.

7° Jeanne Aynard (1873), religieuse hospitalière à Lyon, décédée.

8° Joseph Aynard (1875), marié en 1res noces à Louise Aulois, d'où :
a) Claude Aynard.
b) Laurette Aynard.
Et en 2mes noces à Renée Taillandier, d'où :
c) Andrée Aynard.
d) Agnès Aynard.

9° Henri AYNARD (1879).

10° Paul AYNARD (1881), marié à Madeleine DE MONTGOLFIER.

11° Augustin AYNARD (1883).

C. Henri DE MONTGOLFIER (1847), marié à Joséphine GILLET, d'où :

1° Marthe DE MONTGOLFIER (1877), mariée à Émile CHATIN, d'où :

a) Henriette CHATIN (1898), mariée à M. RIGOLLOT.

d) René CHATIN (1900).

c) Isabelle CHATIN (1905).

2° Gabrielle DE MONTGOLFIER (1878), mariée à Jules BALAŸ, d'où :

a) Jeanne BALAŸ (1900), mariée à Pierre AYNARD (p. 28).

b) Georges BALAŸ (1903).

3° Alice DE MONTGOLFIER (1879), mariée au comte DE LESTOING D'ANJONY, d'où :

Henri DE LESTOING D'ANJONY (1908).

4° Madeleine DE MONTGOLFIER (1881), mariée à Paul AYNARD.

5° Paul DE MONTGOLFIER (1784).

6° Thérèse DE MONTGOLFIER (1887), mariée à M. DE LA BRETOIGNE DU MAZEL.

II. Louise DE MONTGOLFIER (1813), mariée en 1re noces à Jacques BERGER, d'où :

A. Adèle BERGER ( ), mariée à Charles DE MONTGOLFIER (voir p. 149).

Et, en 2es noces à A. CHAIS, d'où :

B. Gabrielle CHAIS (1848), mariée à Maurice DE CLAVIÈRE, d'où :

Gabrielle DE CLAVIÈRE (1880), célibataire.

C. Hélène CHAIS (1851), mariée à Albert TRUCY, d'où :

1° Louis TRUCY (1883) marié à Madeleine DUC, d'où :

a) Maurice TRUCY (1918).

b) Marc TRUCY (1925).

2° Robert TRUCY (1889), marié à Marie-Marthe PICARD, d'où :

Hélène TRUCY (1922).

III. Lydie DE MONTGOLFIER (1815), mariée à Gustave LUQUET DE SAINT-GERMAIN, d'où :

A. François, dit Franc LUQUET DE SAINT-GERMAIN (1841) marié à Cécile DEGLESNE, d'où :

1° Marie LUQUET DE SAINT-GERMAIN (1870), mariée à Adolphe DE MANS, d'où :

a) Gabrielle DE MANS (1897), mariée à Christophe GUYOT D'ASNIÈRES DE SALINS, d'où :
Herbert GUYOT D'ASNIÈRES DE SALINS (1920).
Marie-Cl. GUYOT D'ASNIÈRES DE SALINS (1922).

b) Cécile DE MANS (1898), mariée au vicomte Roger DE BELSUNCE, d'où :
Catherine DE BELSUNCE (1924).
Jeanne DE BELSUNCE (1926).

c) Berthe DE MANS (1899), mariée à Henri DE MERCOYROL DE BEAULIEU, d'où :
Jean DE MERCOYROL DE BEAULIEU (1926).

d) Madeleine DE MANS (1899), mariée à Emmanuel DE MANS.

2° Charles LUQUET DE SAINT-GERMAIN (1872), marié à Marthe DE MONTGOLFIER, d'où :

a) Jean LUQUET DE SAINT-GERMAIN (1898), marié à Mélanie COUTURIER, d'où :
Charles LUQUET DE SAINT-GERMAIN (1924).

b) Suzanne LUQUET DE SAINT-GERMAIN (1900), marié à Roger OLAGNE, d'où :
Bernard OLAGNE (1927).

c) Robert LUQUET DE SAINT-GERMAIN (1901).

d) Madeleine LUQUET DE SAINT-GERMAIN (1903).

e) Marcelle LUQUET DE SAINT-GERMAIN (1904).

f) François LUQUET DE SAINT-GERMAIN (1905).

g) Marc-Arigle LUQUET DE SAINT-GERMAIN (1917), séminariste.

h) Jacques LUQUET DE SAINT-GERMAIN (1909).

i) Antoine LUQUET DE SAINT-GERMAIN (1911).

j) Henri LUQUET DE SAINT-GERMAIN (1913).

3° Louis LUQUET DE SAINT-GERMAIN (1873), marié à Marie LIOUD, d'où :

a) Yvonne LUQUET DE SAINT-GERMAIN (1905), mariée au marquis Max DE LA SÉGLIÈRE.

b) Renée LUQUET DE SAINT-GERMAIN (1906).

c) Paule LUQUET DE SAINT-GERMAIN (1907).

d) Ferdinand LUQUET DE SAINT-GERMAIN (1912).

4° Berthe LUQUET DE SAINT-GERMAIN (1874), religieuse des Petites Sœurs des Pauvres.

5° Pierre LUQUET DE SAINT-GERMAIN (1879), mariée à Anne BÉCHETOILLE, d'où .

a) Georgina LUQUET DE SAINT-GERMAIN (1907), mariée à Alain DE LA LOMBARDIÈRE DE CANSON.

b) Olivier LUQUET DE SAINT-GERMAIN (1913).

B. Charles LUQUET DE SAINT-GERMAIN (1844), marié à Louise SUCHET, d'où :

1° René LUQUET DE SAINT-GERMAIN (1874), marié à Blanche JACQUES, d'où :

Jacqueline LUQUET DE SAINT-GERMAIN (1924).

2° Henri LUQUET DE SAINT-GERMAIN (1877).

3° Jean LUQUET DE SAINT-GERMAIN (1878).

C. Jules LUQUET DE SAINT-GERMAIN (1846), marié à Marguerite NICOD, d'où :

1° Anne-Marie LUQUET DE SAINT-GERMAIN (1878), mariée à Joseph MARZE, d'où :

a) Amédée MARZE (1903).

b) Louis-Joseph MARZE (1904).

c) Odette MARZE (1905).

d) Alex MARZE (1907).

e) Alice MARZE (1909).

f) René MARZE (1911).

g) Noël MARZE (1913).

h) Thérèse MARZE (1914).

i) Geneviève MARZE (1916).

j) Augustin MARZE (1918).

k) Jean MARZE (1924).

2° Thérèse LUQUET DE SAINT-GERMAIN (1879), mariée à Eugène OLAGNE, d'où :

Raymonde OLAGNE (1900), mariée à Louis-Xavier DU BESSET, d'où :

Claude du Besset (1925).
Huguette du Besset (1927).

3° Maurice Luquet de Saint-Germain (1880), marié à Marie-Louise de Montgolfier, d'où :

a) Marguerite Luquet de Saint-Germain (1920).
b) Simone Luquet de Saint-Germain (1922).
c) Arigle Luquet de Saint-Germain (1924).
d) Anne-Louise Luquet de Saint-Germain (1925).

4° Alice Luquet de Saint-Germain (1882), mariée à Jules Chevalier.

5° Augustin Luquet de Saint-Germain (1886), mort à la Guerre.

6° Jeanne Luquet de Saint-Germain (1890), mariée à Michel Darmancier, d'où :

a) Michel Darmancier (1918).
b) François Darmancier (1919).
c) Maurice-Augustin Darmancier (1920).
d) Marguerite Darmancier (1922).
e) Marie-Louise Darmancier (1923).
f) Jacques Darmancier (1924).

IV. Laurent de Montgolfier (1816), marié à Hélène Seguin, d'où :

A. Émilie de Montgolfier (1845), marié à Léon Rostaing, d'où :

1° Laure Rostaing (1868), s. all.
2° Marcel Rostaing (1870), R. P. Chartreux.
3° Camille Rostaing (1872), marié à Germaine Frachon, d'où :

a) Gilberte Rostaing (1900), mariée à Victor Radisson.
b) Gabrielle Rostaing (1902), mariée à Pierre Chambon.
c) Geneviève Rostaing (1903), mariée à Jean Villard.
d) Marcel Rostaing (1908).
e) Marie-Blanche Rostaing (1910).
f) Henri Rostaing (1912).

B. Blanche de Montgolfier (1857), mariée à Adolphe Mignot, d'où :

Marie Mignot (1881), mariée à Jean Frachon, d'où :
1° Hélène Frachon (1905).
2° Xavier Frachon (1907).
3° Joseph Frachon (1919).
4° Régis Frachon (1921).
V. Marie-Augustine de Montgolfier (1819), mariée à Marc Seguin (Voir p. 168).
VI. Jenny de Montgolfier (1821), mariée à Eugène de Montgolfier, d'où :
A. Bernard de Montgolfier (1848), marié à Blanche de Montlahuc.
B. Marguerite de Montgolfier (1850), mariée à Augustin Seguin (p. 168).
C. Jeanne de Montgolfier (1860), carmélite.

§ III. — Les BÉCHETOILLE.

Catherine Chomel (1704), mariée à Mathieu Duret, d'où :
Charles-Louis Duret (1728) marié à Marianne Jacquier, d'où :
Marie-Élisabeth Duret (1760), mariée à André Béchetoille d'où :
I. Marianne-Thérèse Béchetoille (1787), mariée à Antoine Béchetoille, d'où :
A. Antoine Béchetoille (1809), mariée à Pauline Carrichon, d'où :
2° Victor Béchetoille (1840), mariée à Suzanne Mondon, d'où :
a) Jean Béchetoille (1868), marié à Caroline Trévoux, d'où :
Josephe Béchetoille (1902), mariée à Louis Tallon, d'où 2 filles.
Noël Béchetoille (1904).
b) Joseph Béchetoille (1870), marié à Louise des Garets, d'où :
Marie-Antoinette Béchetoille (   ), mariée à Louis Ginot, d'où :
Colombe Béchetoille (   ), mariée à Philippe Tézenas du Montcel, d'où :
Un fils.

Anthelme BÉCHETOILLE.
Léopold BÉCHETOILLE.
Suzanne BÉCHETOILLE.

c) Antoine BÉCHETOILLE (1872), marié à Jeanne CONDAMIN, d'où :
Victor BÉCHETOILLE (1905).
Emmanuel BÉCHETOILLE.
Albert BÉCHETOILLE.
Paul BÉCHETOILLE.
Françoise BÉCHETOILLE (1907).
Antoinette BÉCHETOILLE.

3° Emmanuel BÉCHETOILLE (1874), chanoine de Lyon, prélat du Pape.

4° Sophie BÉCHETOILLE, s. all.

B. Marie-Anne dite Annette BÉCHETOILLE (1806), mariée à Laurent GIRAUD (p. 147).

C. Ferdinand BÉCHETOILLE (1816), marié à Mathilde MIGNOT, d'où :

1° Clémence BÉCHETOILLE (1841), mariée à Camille MIGNOT (p. 177).

2° Émilie BÉCHETOILLE (1844), mariée à Félix MIGNOT (p. 177).

3° Louise BÉCHETOILLE (1849), mariée à Ferdinand GIRAUD (p. 148).

4° Félix BÉCHETOILLE (1851), mariée à Cécile SEGUIN, d'où :

a) Marguerite BÉCHETOILLE (1382), mariée à René POULY, d'où :
Emmanuel POULY.
Jean POULY.
Maurice Pouly.
Jacques POULY.
Marie POULY.

b) Charles BÉCHETOILLE (1882), marié à Mlle FIGUET, d'où :
Félix BÉCHETOILLE.

c) Thérèse BÉCHETOILLE (1885), mariée à Henri MAYOUSSIER, d'où :
Marie-Amédée MAYOUSSIER.

Hélène MAYOUSSIER.
Françoise MAYOUSSIER.
Denise MAYOUSSIER.
Pierre MAYOUSSIER.

d) Maurice BÉCHETOILLE (1887), marié en premières noces à Anne DURAND, d'où :
Marie BÉCHETOILLE.
Cécile BÉCHETOILLE.
Geneviève BÉCHETOILLE.
Henri BÉCHETOILLE.
et en deuxièmes noces à Mme Vve ARMAND.

e) Régis BÉCHETOILLE (1890), s. all.

f) Hélène BÉCHETOILLE (1892), mariée à Pierre VIGNON, mort à la guerre, d'où :
Marie-Thérèse VIGNON.

g) Germaine BÉCHETOILLE, s. all.

5° Annette BÉCHETOILLE (1853), mariée à Joseph MONTAGNON, d'où :

a) Jeanne MONTAGNON ( ), mariée à Émile MONNOT, d'où :
Hélène MONNOT (1906).

b) Pierre MONTAGNON.

II. Louis BÉCHETOILLE (1788), marié à Sophie DESFRANÇOIS DE L'HOLME, d'où :

A. Louis BÉCHETOILLE (1818), marié à Noémie DESGRAND, d'où :

1° Henri BÉCHETOILLE (1857), marié à Geneviève SAINTE-CLAIRE-DEVILLE, d'où :

a) Alice BÉCHETOILLE (1899).

b) Solange BÉCHETOILLE (1900), religieuse de Sion.

c) Claude BÉCHETOILLE (1901).

d) Marguerite BÉCHETOILLE (1902).

e) Louis BÉCHETOILLE (1906).

f) Gertrude BÉCHETOILLE (1911).

B. Eugène BÉCHETOILLE (1824), marié à Annette DURET (p. 154).

C. Élisa BÉCHETOILLE (1826), mariée à Jules GIRAUD (p. 152).

D. Marie Béchetoille (1829), mariée à Henri Mignot, d'où :

1° Adolphe Mignot (1851), marié à Blanche de Montgolfier (p. 161).

2° Célie Mignot (1853), mariée à Étienne Seguin (p. 169).

III. Laurent Béchetoille (1793), marié à Marie-Anne Duret d'où :

A. Laurent Béchetoille (1821), marié à Élisa de Montgolfier, d'où :

1° Célie Béchetoille (1855), mariée à Gabriel-Frachon (p. 193).

2° Laurent Béchetoille (1856), marié à Marie-Louise Sauvage de Saint-Marc, d'où :

a) Marcel Béchetoille (1882), marié à Rose Seguin, d'où :

Marc Béchetoille (1909).

Anne Béchetoille (1911).

Nicole Béchetoille (1914).

Joseph Béchetoille (1921).

b) Hugues Béchetoille (1894), marié à Marcelle Bécharel.

c) Marie-Madeleine Béchetoille (1898), mariée à Vincent Frachon (p. 197).

d) Guy Béchetoille (1900), marié à Geneviève Ribes (p. 147).

e) Daniel Béchetoille (1901).

3° Léonce Béchetoille (1857), marié à Fernande Seguin, d'où :

a) Anne-Marie Béchetoille (1885) mariée à Pierre Luquet de Saint-Germain, d'où :

Georgina Béchetoille (1907), mariée à Alain de la Lombardière de Canson.

Olivier Béchetoille (1913).

b) Renée Béchetoille (1887), mariée à Robert Durieu, d'où :

Monique Durieu (1913).

Solange Durieu (1918).

Guy Durieu (1919).
Chantal Durieu (1922).

c) Suzanne Béchetoille (1889), mariée à Auguste Ribes, mort à la guerre, d'où :
Françoise Ribes (1911).
Simone Ribes (1913).
Anne-Marie Ribes (1915).

d) Christine Béchetoille (1896), mariée à Marc de Montgolfier, d'où :
René de Montgolfier (1921).
Odette de Montgolfier (1921).
Michelle de Montgolfier (1924).
Daniel de Montgolfier (1926).

e) Alice Béchetoille (1897), mariée à Léopold Rostaing, d'où :
François Rostaing (1921).
Alex Rostaing (1923).

4° Louise Béchetoille (1863), mariée à Camille Seguin, d'où :

a) Ferdinand Seguin (1884), mort à la guerre.

b) Paule Seguin (1886), mariée à Jean de Montgolfier, d'où :
Camille de Montgolfier (1906).

c) Gonzague Seguin (1889), marié à Simone Béchetoille (p.140).

d) Roger Seguin (1891), marié à Geneviève Béchetoille (p. 140).

e) Élisabeth Seguin (1900), mariée à Jean d'Ambly.

IV. Jeanne Béchetoille (1789), mariée à Pierre Marthoret, d'où :

A. Jeanne, dite Jenny (1826), mariée à Paul de Montgolfier, d'où :

1° Pierre de Montgolfier (1850), marié à Marie de l'Hermuzière, d'où :

a) Isabelle de Montgolfier (1877).

b) Marie-Louise de Montgolfier (1882), mariée au Dr Joseph Casati, d'où :
Madeleine-Marie Casati (1906).

Pierre Casati.
Lucette Casati.

2° Marie-Stéphane de Montgolfier (1852), mariée à Alphonse Monnot, d'où :

a) Émile Monnot (1877), marié à Jeanne Montagnon, d'où :
Hélène Monnot (1906).
André Monnot (1908).

b) Élisabeth Monnot (1880), mariée à Charles Fraisse d'où :
Pierre Fraisse (1904).
Charlotte Fraisse (1907).
André Fraisse (1908).

c) Prosper Monnot (1884), trappiste.

d) Geneviève Monnot (1890), mariée à Albert Fraisse d'où :
Marie Fraisse.
Léon Fraisse.
Maurice Fraisse.
Jean Fraisse.
Thérèse Fraisse.

3° Blanche de Montgolfier (1854), mariée à Émile de l'Hermuzière, d'où :
Charles de l'Hermuzière (1882), marié à Marie Giraud (p. 147).

4° Marie-Louise de Montgolfier (1856), mariée à Amédée Gaillard de la Roche, d'où :

a) Madeleine de la Roche (1884), mariée à Victor Mazaurie.

b) Pierre de la Roche (1886), marié à Mlle de la Valette, d'où :
Jean de la Roche.
Chantal de la Roche.

c) Émile de la Roche (1893), trappiste à Aiguebelle.

§ IV. — Les SEGUIN.

Catherine CHOMEL (1704), sœur du Béat, mariée à Mathieu DURET, d'où :

Charles-Louis DURET, marié à Marianne JACQUIER, d'où :

Mathieu DUREY, marié à Jeanne-Catherine MONTGOLFIER, d'où :

Rose-Augustine DURET (   ), mariée à Marc SEGUIN, d'où :

I. Pauline SEGUIN (1817), mariée à Mathieu DESGRAND (voir § VII p. 187).

II. Julie SEGUIN (1819), mariée à Raymond DE MONTGOLFIER (p. 156).

III. Hélène SEGUIN (1821), mariée à Laurent DE MONTGOLFIER (p. 161).

D'un second mariage avec Marie-Augustine DE MONTGOLFIER, sa nièce (p. 162), M. SEGUIN a eu :

IV. Augustin SEGUIN (1841), marié en premières noces à Félicie MANGINI, d'où :

A. Louis SEGUIN (1862), marié à Bénédicte FRANCK, d'où :

Amédée SEGUIN (1898).

B. Paul SEGUIN (1870), marié à Laure TONETTI, d'où :

Laure SEGUIN (1897), adoptée par Mme BAUDRIER (ci-après).

C. Félicie SEGUIN (1872), mariée à Julien BAUDRIER, s. p.

Marié en deuxièmes noces à Marguerite DE MONTGOLFIER, sa cousine, d'où :

D. Marc SEGUIN (1877), marié en deuxièmes noces à Lucie PIELLIS.

E. Joseph SEGUIN (1878), marié à Madeleine MAHIEU, d'où:

Paul SEGUIN.

F. Marie SEGUIN (1879), mariée au Comte DE WARREN d'où :

1° Marc-Marie-Édouard DE WARREN (1904).

2° Raoul DE WARREN (1905).

Marié en troisièmes noces avec Pauline CONSIGLIERI, d'où :

G. Laurent SEGUIN (1886), marié à Mlle BALAŸ.

H. Marie-Rose SEGUIN (1886), mariée à Marcel BÉCHETOILLE (p. 165).

I. Augustin SEGUIN (1889).

J. Louise SEGUIN (1895).

V. Paula SEGUIN (1851), mariée à Félix MANGINI, d'où :

A. Marc MANGINI (1873), marié à Andrée BAUMGARD, d'où :

1° Félix MANGINI (1903).

2° Jean MANGINI (1904).

3° Paul MANGINI.

B. Hélène MANGINI (1879), mariée à Victor BÉRARD, d'où :

1° Félix BÉRARD (1903).

2° Lucie BÉRARD (1904).

3° Marcel BÉRARD (1908).

4° Louis BÉRARD.

5° Marguerite BÉRARD.

6° Lucien BÉRARD.

C. Louise MANGINI (1883), mariée à Louis GALLAVARDIN, d'où :

Robert GALLAVARDIN.

Pierre GALLAVARDIN.

Léon GALLAVARDIN.

Lucienne GALLAVARDIN.

D. Lucien MANGINI (1887), marié à Mlle THEOBALT.

VI. Étienne SEGUIN (1848), marié à Célie MIGNOT, d'où :

A. Alice SEGUIN (1876), mariée à Henri SÉNÉCLAUZE (voir p. 180).

B. Léon SEGUIN (1878).
C. Jules SEGUIN (1881).
D. Louise SEGUIN (1883), mariée à Jean TARDY (voir p. 172).
VII. Louise SEGUIN (1861), mariée à René DE PRANDIÈRES, d'où :
A. Marc DE PRANDIÈRES (1883).
B. Martial DE PRANDIÈRES (1884).
C. Georgina DE PRANDIÈRES (1890), mariée à Joseph DEMOUSTIER, d'où :
1° Raymond DEMOUSTIER (1909).
2° Georges DEMOUSTIER (1911).
3° Marc DEMOUSTIER (1913).
D. Maurice DE PRANDIÈRES (1895).

§ V. — Les BOISSONNET

Catherine CHOMEL (1704), mariée à Mathieu DURET, d'où :
Charles-Louis DURET, marié à Marianne JACQUIER, d'où :
Mathieu DURET, marié à Catherine de MONTGOLFIER, d'où :
Hélène DURET ( ), mariée à Hippolyte BOISSONNET, d'où :
I. Jeanne BOISSONNET (1822), mariée à Louis CHABERT, d'où :
Joséphine CHABERT (1844), mariée à Charles DEFRANCE, d'où :
Marie-Louise DEFRANCE (1865), mariée à Fernand FOROT, d'où :
a) Charles FOROT (1890).
b) Yvonne FOROT (1891), mariée à Jean JALLABERT, d'où :
Thérèse JALLABERT (1920).
Denise JALLABERT (1922).
Monique JALLABERT (1927).

c) Fernande FOROT (1893), mariée à Antoine FERRIER, d'où :
Joseph FERRIER (1924).
Georges FERRIER (1925).

II. Mathieu BOISSONNET (1823), marié à Louise GOYBET, d'où :

A. Marie-Louise BOISSONNET (1854), mariée à Michel DARMANCIER, d'où :
1° Louise DARMANCIER (1879).
2° Anne-Marie DARMANCIER (1881).
3° Camille DARMANCIER (1883).
4° Michel DARMANCIER (1886), marié à Jeanne LUQUET DE SAINT-GERMAIN (p. 161).
5° Adrienne DARMANCIER (1884), mariée à Joseph CICÉRON, d'où :
Philippe CICÉRON (1917).
Louis CICÉRON (1920).
Henri CICÉRON (1924).
Michel CICÉRON (1927).
6° Élisabeth DARMANCIER (1894), mariée à Pierre JOMARON, d'où :
Charles JOMARON (1922).
Marie-Louise JOMARON (1923).
Bernard JOMARON (1926).

B. Jules BOISSONNET (1856), mariste.

C. Francisque BOISSONNET (1860), marié à Marthe OLLIVIER, d'où :
1° Marie BOISSONNET (1894).
2° Louise BOISSONNET (1895).
3° Henri-Antoine BOISSONNET (1897), marié à Hélène GANET, d'où :
Jacques BOISSONNET (1925).
Madeleine BOISSONNET (1927).
4° Pierre-Jules BOISSONNET (1901), marié à Edmée PASSAT.
5° Jeanne-Rose BOISSONNET (1903), mariée à Pierre PERRAMOND.
6° Léon BOISSONNET (1905).

D. Marthe Boissonnet (1865), religieuse de Saint-Vincent-de-Paul.

III. Hélène Boissonnet (1833), mariée à Prosper Borione, d'où :

A. Rose Borione (1856), mariée à Alfred Tardy, d'où :

1° Louis Tardy (1883), marié à Jeanne Deveraux, d'où :

Alfred Tardy (1911).
Hélène Tardy (1912).
Jean Tardy.
André Tardy (1916).
Georges Tardy.
Madeleine Tardy.
Yvonne Tardy.
Anne-Marie Tardy.

2° Jean Tardy (1885), marié à Louise Seguin, d'où :

Étienne Tardy (1912).
Louis Tardy.
Henri Tardy (1918).
Camille Tardy (1920).
Marie Tardy (1921).
Marthe Tardy (1923).
Cécile Tardy (1925).

3° Anne-Marie Tardy (1889).

4° Georges Tardy (1894), marié à Louise Grassy d'où :

Suzanne Tardy (1921).
Marie-Joseph Tardy.
Louis Tardy.

B. William Borione (1859), marié à Émilie Pincson du Sel, d'où :

1° Marie Borione (1891).

2° Hélène Borione (1894), mariée à Louis Borrey, d'où :

Madeleine Borrey (1922).
Marc Borrey (1926).

3° Louise Borione (1898).

4° Pauline Borione (1907).
5° Yvonne Borione (1909).
C. Élie Borione (1866), marié à Madeleine Meyzonnier, d'où :
1° Camille Borione (1892), marié à Claire Motte, d'où :
Pierre Borione (1923).
Jacques Borione (1924).
2° Paul Borione (1896).
D. Bernard Borione (1867), marié à Emma Giraud (p. 153).

§ VI. — Les MIGNOT

Catherine Chomel (1704), sœur du Béat, mariée à Mathieu Duret, d'où :
Jacques-Vincent Duret (1734), marié à Antoinette Jacquier, d'où :
I. Françoise Duret (1863), mariée à Claude Mignot, qui suivra.
II. Elisabeth Duret (1771), mariée à Mathieu Frachon (§ VIII).
III. Louise Duret (5555), mariée à Vincent Desgrand § VII).
I. Claude Mignot, marié à Françoise Duret, d'où :
A. Louis-Fleury Mignot (1787), marié à Charlotte Desfrançois de l'Holme, d'où :
1° Louis-Jean-Marie Mignot (1817), marié à Rose Seguin, d'où :
Louis Mignot (1845) marié à Julie de Montgolfier (p. 150).
2° Claude-Henri Mignot (1820), marié à Anne-Marie Béchetoille, d'où :
1° Adolphe Mignot (1851), marié à Blanche de Montgolfier (p. 161).
2. Célie Mignot (1853), mariée à Etienne Seguin (p. 169).

3° Mathilde Mignot (1822), mariée à Ferdinand Béchetoille (p. 163).

B. Elisabeth-Pierrette Mignot (1789), mariée à Claude-Julien Mignot, d'où :

1° François-Fleury Mignot (1814), marié à Elisabeth Grangier, d'où :

a) Jeanne Mignot (1859), mariée à Antoine Bulliot, d'où :

Elisabeth Bulliot (1884), mariée à Louis Quimfe.

b) Joseph Mignot (1863), marié à Marguerite Rueff, d'où :

Jeanne Mignot (1894).

2° Caroline-Eugénie Mignot (1816), mariée à Michel Montgolfier, d'où :

Albert Montgolfier (1841), marié à Berthe Deville, d'où :

a) Michel Montgolfier (1874), marié à Jeanne Bozzini, d'où :

Guy Montgolfier (1901), marié à Paule de Clausel de Poussergues.

b) Ernest Montgolfier (1877), marié à Marie Desprès, d'où :

1° Marguerite Montgolfier (1900), mariée au baron de Longuerne, d'où :

a') Jacques de Longuerne (1922).

b') Geneviève de Longuerne (1111).

2° Berthe Montgolfier (1905).

3° Albert Montgolfier (1907).

c) André Montgolfier (1878).

d) Mathilde Montgolfier (1879), mariée à Georges Mounier, d'où :

1° Georges Mounier (1912).

2° Bertrand Mounier (1915).

e) Eugénie Montgolfier (1880), mariée à Camille Carrière, d'où :

1° Germaine Carrière (1907).

2° Georges Carrière (1910).

3° André Carrière (1919).

4° Joseph Carrière (1921).
5° Robert Carrière (1923).
6° Armand Carrière (1925).
f) Joseph Montgolfier (1882).
g) Julien Montgolfier (1883), marié à Jeanne-Marie Patin du Breuil, mort à la guerre s. p.
h) Etienne Montgolfier (1885).
i) Paul Montgolfier (1895), marié à Suzanne Dunoyer, d'où :
1° Jacques Montgolfier (1922).
2° François Montgolfier (1922).
3° Yves Montgolfier (1925).
3° Elisabeth Mignot (1820), mariée à Adolphe Blachier, d'où :
Noémie Blachier (1841), mariée à Gustave Bonnard, d'où :
Adolphe Bonnard (1862), marié à Thérèse Ollier, s. p.
C. Claude-Marie-Vincent Mignot (1797), marié à Henriette Desgrand, d'où :
1° Vincent Mignot (1827), marié à Méry Giraud, d'où :
a) Gabrielle Mignot (1860), mariée à Emmanuel Nicod, d'où :
a') Louis Nicod (1883), célibataire.
b') Marie Nicod (1885) mariée à Paul Rony d'où :
Anne-Marie Rony.
François Rony.
Louis-Joseph Rony.
Gabrielle Rony.
Paul Rony.
c') Madeleine Nicod (1888), mariée à Émile Roux, s. p.
d') Anne Nicod.
b) Louise Mignot (1862), mariée au docteur René de Montgolfier, d'où :
a') Marc de Montgolfier (1887), marié à à Christine Béchetoille, d'où :
René de Montgolfier (1921).

Odette DE MONTGOLFIER (1921).
Michelle DE MONTGOLFIER (1924).
Daniel DE MONTGOLFIER (1926).

b') Germaine DE MONTGOLFIER (1888), mariée à Jean MESSIÉ, d'où :
Georges MESSIÉ (1913).
Marie-Louise MESSIÉ.
Henri MESSIÉ.
Geneviève MESSIÉ.
Suzanne MESSIÉ.
Hélène MESSIÉ.
Pierre MESSIÉ.

c') Henri DE MONTGOLFIER (1890), lieutenant d'artillerie, mort à la guerre.

d') Pierre DE MONTGOLFIER (1892), mort à la guerre.

e') Marie-Louise DE MONTGOLFIER (1893), mariée à Maurice LUQUET DE SAINT-GERMAIN p. (161).

c) Thérèse MIGNOT (1868), marié à Paul BLANCHARD, d'où :

a') Robert BLANCHARD (1891), marié à Marguerite LACOUR, d'où :
René LACOUR (1926).

b') Jacques BLANCHARD (1893), capitaine, mort à la guerre.

c') Marthe BLANCHARD (1895), mariée à Joseph FONTANET, d'où :
Joseph FONTANET (1921).
Pierre FONTANET (1922).
Jeanne FONTANET (1923).
Céline FONTANET (1924).
Suzanne FONTANET (1926).

d') Edmond BLANCHARD (1901), ingénieur.

e') Suzanne BLANCHARD (1902).

d) Annette MIGNOT (1873), mariée à Paul GIRAUD (p. 147).

2° Louise MIGNOT (1829), mariée à Maurice NICOD, d'où :

a) Emmanuel NICOD (1852), marié à Gabrielle MIGNOT (p. 175).

b) Marie-Marguerite NICOD (1856), mariée à Jules LUQUET DE SAINT-GERMAIN (p. 160).

3° Camille MIGNOT (1831), marié à Clémence BÉCHETOILLE, d'où :

a) Marie-Thérèse-Antoinette MIGNOT (1861), mariée à Adrien BRUNEL DE BONNEVILLE, d'où :

1° Camille DE BONNEVILLE, mort à la guerre.

2° Hélène DE BONNEVILLE, mariée à Paul DELPHIN.

b) Marie-Julie MIGNOT (1866).

c) Siméon MIGNOT (1874), marié à Edwige NICOD, d'où :

1° Denise MIGNOT (1909).

2° Siméon MIGNOT (1909).

4° Félix MIGNOT (1834), marié à Émilie BÉCHETOILLE, d'où :

a) Alice MIGNOT (1865), mariée à René RIBES, d'où :

a') Auguste RIBES (1887), marié à Suzanne BÉCHETOILLE (p. 165).

b') Régine RIBES (1888), mariée à Camille BÉTHENOD, d'où :

Renée BETHNOD.

c') Marie-Marguerite RIBES (1891), mariée à Pierre RIMAUD, p. 188).

b) Hélène Mathilde MIGNOT (1868), mariée à Marc RIBES, d'où :

a') Maud RIBES (1890), mariée à Louis GIRARDON.

b') Solange RIBES (1892), mariée à Jean GLEYZOL.

c') Serge RIBES (1894), marié à Mlle PÉRILLOU.

d') Maurice RIBES (1903).

c) Franck MIGNOT (1871), marié à Thérèse GIRODON, d'où :

a') Marie-Blanche MIGNOT (1900), mariée à M. VIDON.

b') Félix Mignot (1902).

c') Raymond Mignot (1904).

d) Annette-Isabelle Mignot (1874), mariée à Jean Barou de la Lombardière de Canson, d'où :

a') Renée de Canson (1896), mariée à Pierre Chomel (p. 139).

b') Alain Barou de la Lombardière de Canson (1898), marié à Georgina Luquet de Saint-Germain.

c') François, Barou de la Lombardière de Canson (1901).

D. Pierre Mignot (1800), marié à Cécile Tavernier, d'où :

1. Alfred Mignot (1831), marié à Louise de Questa, d'où :

a) Blanche Mignot (1863), mariée à Joseph de Montgolfier, d'où :

a') Yvonne de Montgolfier (1886), mariée à Rémy de Simony, d'où :

Christiane Rémy de Simony (1909).

b' Geneviève de Montgolfier (1889), mariée à Delachenal, d'où :

Eugène Delachenal (1912).

Marie-Joseph Delachenal (1913).

François Delachenal (1916).

Pierre Delachenal (1918).

Bernard Delachenal (1922).

Jean Delachenal (1924).

c') Renée de Montgolfier (1890), mariée à Louis Chomel.

d') Mathilde de Montgolfier (1894), mariée à Quinchez, d'où :

Bruno Quinchez (1922) } jumeaux.
Hubert Quinchez (1922) }

b) Louise Mignot (1866), mariée à Charles Schwich, d'où :

a') Elisabeth Schwich (1888), mariée à James Chomel.

b') Charles SCHWICH, mort à la guerre.
c') Gabriel SCHWICH (1891), marié à Adrien RICHARD, d'où :
Michel RICHARD (1920).
Bernardette RICHARD (1921).
Alain RICHARD (1922).
Hubert RICHARD (1925).
d') Marcelle SCHWICH (1893), mariée à Raymond CHOMEL (p. 140).
c) Marguerite MIGNOT (1869), mariée à Abel DUFAURE DE CITRES (p. 144).
2º Françoise-Louise MIGNOT (1833), mariée à Ferdinand SEGUIN, d'où :
a) Camille SEGUIN (1854), marié à Louise BÉCHETOILLE (p. 166).
b) Cécile SEGUIN (1856), mariée à Félix BÉCHETOILLE (p. 163).
c) Marie-Thérèse SEGUIN (1862), mariée à Francis BÉCHETOILLE (p. 155).
d) Fernande SEGUIN (18), mariée à Léonce BÉCHETOILLE (p. 165).

§ VII. — Les DESGRAND

Catherine CHOMEL (1704), mariée à Mathieu DURET, d'où :
Marianne DURET (1736), mariée à Jean-Baptiste DESGRAND, d'où :
I. Jean-Baptiste DESGRAND (1763), marié à Henriette BÉCHETOILLE, d'où :
A. Jean-Antoine DESGRAND (1792), marié à Cécile DESGRAND, d'où :
1º Cécile DESGRAND (1821), mariée à André GOUTAREL, d'où :
a) Marie-Louise GOUTAREL (1850), mariée à Emile SÉNÉCLAUZE, d'où :
a') Henri SÉNÉCLAUZE (1872), marié à Alise SEGUIN, d'où :

1° Marie SÉNÉCLAUZE (1899), mariée à Paul GIROUD, d'où :

Pierre GIROUD (1923).

Alice GIROUD (1925).

2° Marthe SÉNÉCLAUZE (1901).

3° Émile SÉNÉCLAUZE (1906).

b') Paul SÉNÉCLAUZE (1876), marié à Marie COSTE d'où :

1° Marie-Louise SÉNÉCLAUZE (1906).

2° Marguerite SÉNÉCLAUZE (1907).

3° Philippe SÉNÉCLAUZE (1909).

4° Georges SÉNÉCLAUZE (1910).

5° Michel SÉNÉCLAUZE (1911).

6° Joseph SÉNÉCLAUZE (1916).

7° Jean SÉNÉCLAUZE (1917).

8° Jeanne-Marie SÉNÉCLAUZE (1920).

9° Régis SÉNÉCLAUZE (1921).

10° Marie-Thérèse SÉNÉCLAUZE (1923).

c') Louis-Joseph SÉNÉCLAUZE (1877), marié à Marguerite DUPORT, d'où :

1° Jeanne SÉNÉCLAUZE (1909).

2° Joël SÉNÉCLAUZE (1910).

3° Marie-Joseph SÉNÉCLAUZE (1913).

4° Annie SÉNÉCLAUZE (1919).

d') André SÉNÉCLAUZE (1879), marié à Suzanne COMBIER, d'où :

1° Maguelonne SÉNÉCLAUZE (1909).

2° Cécile SÉNÉCLAUZE (1911).

3° Marie SÉNÉCLAUZE (1912 .

4° François SÉNÉCLAUZE (1914).

5° Brigitte SÉNÉCLAUZE (1916).

e') Jean SÉNÉCLAUZE (1887), mort à la guerre.

2° Thérèse DESGRAND (1823), mariée à François CHOMEL (p. 135).

3° Jean-Baptiste DESGRAND (1825), marié à Élisabeth DESGRAND, d'où :

a) Cécile DESGRAND (1852), mariée à Hippolyte LETALLE, d'où :

a') Louise LETALLE (1878), mariée à Henry HABERT, d'où :

1. Jules-Paul HABERT (1905).
2. Pierre-Edme HABERT (1908).
3. Louis-Henri-François HABERT (1909).

b') Mathilde LETALLE.

B. Henri DESGRAND (1795), marié à Amélie BOLLON DE CLAVIÈRES, d'où :

Noémie DESGRAND (1829), mariée à Louis BÉCHETOILLE (p. 164).

C. Paul DESGRAND (1799), marié à Julie SARGNON, d'où :

1° Sophie DESGRAND (1830), mariée à Jules BIZOT, d'où :

a) Julie BIZOT (1857), mariée à Jean BALAŸ, d'où :

a') Joseph BALAŸ (1879), marié à Elisabeth DE BEYLIÉ, d'où :

1. Marie-Thérèse BALAŸ (1906).
2. Jean BALAŸ (1907).

b) Berthe BALAŸ (1885), mariée à Jacques DE CLAVIÈRES, d'où :

Jean DE CLAVIÈRES.

D. Thérèse-Henriette DESGRAND (1803), mariée à Vincent MIGNOT (p. 173).

E. François DESGRAND (1808), marié à Delphine SARGNON, d'où :

1° Marie DESGRAND (1845), mariée à Georges DUFÊTRE, d'où :

a) Marguerite DUFÊTRE (1868), mariée à Maurice ISAAC, d'où :

Alice ISAAC (1891), mariée à René SAINT-OLIVE.

2° Joséphine DESGRAND (1850), mariée à Antonin BRUN, d'où :

a) Elisa BRUN (1874), célibataire.

b) Jeanne BRUN (1875), mariée au capitaine ALLEAUME, tué à la guerre, d'où :

Marie-Josephe ALLEAUME.

3° Paul DESGRAND (1856), marié à Marguerite SOUCHON, d'où :

Isabelle DESGRAND (1892), mariée à Marcel EYMARD, d'où :

1° Jacques EYMARD (1920).

2° Georges EYMARD (1924).

3° Paul EYMARD (1925).

Georges DESGRAND (1897), mort des suites de la guerre.

II. Marie-Anne DESGRAND (1760), mariée à Gaspard MONTAGNIER, d'où :

A. Marie-Catherine MONTAGNIER (1780), mariée à André PASCAL, d'où :

1° Jeanne-Marie, dite Méranie PASCAL (1806), mariée à Victor BETHNOD, d'où :

a) Élisabeth BETHNOD (1843), mariée à Frédéric BOISSONNET, d'où :

a') Marie BOISSONNET (1869), mariée à Pierre DUSSERRE, d'où :

Joseph DUSSERRE (1900), élève ecclésiastique.

Élisabeth DUSSERRE (1908).

b') Victor BOISSONNET (1875), marié à Marie-Florence ULLMO, mort à la guerre.

c') Sophie BOISSONNET (1882), mariée à Joseph VARNIER

b) Francisque BETHNOD (1850), marié à Jeanne CHARVET, d'où :

a') Marguerite BETHNOD (1880), mariée à Marius LATOUR.

b') Joseph BETHNOD (1883).

c) Marc BETHNOD (1851), marié à Catherine KARR, d'où :

a') Agnès BETHNOD.

b') Victor BETHNOD.

c') Françoise BETHNOD.

2° Pierre PASCAL (1812), marié à Françoise MINET, d'où :

a) Marie PASCAL (1848), mariée à Henri DUCHAMP, d'où :

a') Joseph DUCHAMP (1876).

b') François DUCHAMP (1878), mariée à Joséphine VÉTU, d'où :

1° Marie-Louise DUCHAMP (1910).

2° Anne-Marie DUCHAMP (1913).

3° Jeanne d'Arc DUCHAMP (1915).

4° Augustine DUCHAMP (1917).

5° Jean DUCHAMP (1919).

c') Delphine DUCHAMP (1881).

d') Élise-Jeanne DUCHAMP (1884).

e') Pierre DUCHAMP (1888), marié à Marguerite GOJON, d'où :

1° Marie-Thérèse DUCHAMP (1925).

2° Marie-Joseph DUCHAMP (1927).

f') Augustin DUCHAMP (1896) mort à la guerre.

b) Élisée PASCAL (1853), marié à Emma STERRER, d'où :

Pierre PASCAL (1881).

c) Delphine PASCAL (1856), mariée à Jean MANTRAND, d'où :

a') Élise MANTRAND (1885).

b') Victor MANTRAND (1887), marié à Marie BRUNET.

c') Henri MANTRAND (1893), mort à la guerre.

d') Joseph MANTRAND (1898), mort à la guerre.

B. Jean-François MONTAGNIER (1781), marié à Louise SAVOYE, d'où :

1° Gasparde-Marie-Louise MONTAGNIER (1809), mariée à Félix HERVIER, d'où :

a) Bénédicte HERVIER (1832), mariée à MASINI, d'où :

Laure MASINI ( ), mariée à CHOLLET.

b) Félicie HERVIER (1833), mariée à Amédée SAVOYE, d'où :

a') André SAVOYE ( ), capitaine d'état-major d'artillerie, marié à Mathilde Villette, d'où :

1° Amédée SAVOYE (1894).
2° Renée SAVOYE (1896).
3° Charles SAVOYE (1909).

c) Victor HERVIER (1838), marié à Mlle SOULIER, d'où :

Félicie HERVIER ( ), mariée à Félix CHEVROT, d'où :

Félix CHEVROT (1883).

d) Angèle HERVIER (1846), mariée à Antoine COLUMBAN, d'où :

Louise COLUMBAN (1876), mariée à Victor CARRET, d'où :

Renée CARRET (1899).
Émilie CARRET ( ).
Suzanne CARRET ( ).

e) Sainte-Marie HERVIER (1848), marié à Claudine BUYET, d'où :

a') Jeanne HERVIER (1883).
b') Fleury-Gabriel HERVIER (1885).

C. Françoise MONTAGNIER (1785), mariée à Jean-François CHOMEL (p. 135).

D. Antoinette MONTAGNIER (1787), mariée à Jacques BERTHAUD, d'où :

1° Gaspard BERTHAUD (1818), marié à Léonie BRISSON, d'où :

a) Antoinette BERTHAUD (1852), mariée à Emmanuel MOUTERDE, d'où :

a') Gaspard MOUTERDE (1874-1921), jésuite, mort des suites de la guerre.

b') Marie MOUTERDE (1878), mariée à Henri LÉPINE, d'où :

1. Marie-Thérèse LÉPINE (1904).
2. Renée LÉPINE (1907).
3. André LÉPINE (1908).
4. Hélène LÉPINE (1910).

c') René MOUTERDE, jésuite.

d') Gabrielle MOUTERDE (1882), mariée à Charles GERMAIN, d'où :

1. Marie-Antoinette - Emmanuelle Germain (1908).
2. Suzanne Germain (1910).

b) Jules Berthaud (1851), marié à Louise Peloux, d'où :

a') Élise Berthaud (1883), s. all.

b') Louis Berthaud (1886), marié à Alice Mouterde, d'où :

Édith Berthaud (1920).
Jacqueline Berthaud (1923).
Jean Berthaud (1925).

c') Jacques Berthaud (1890), mort à la guerre.

d') Maurice Berthaud (1893), marié à Suzanne Perret, d'où :

Colette Berthaud (1921).
Jacques Berthaud (1923).
Odile Berthaud (1924).
Bernadette Berthaud (1927).

c) Hippolyte Berthaud (1854), marié à Hélène Quinson, d'où :

a') Anne-Marie Berthaud (1892), mariée à Hippolyte Vétu.

b') Joseph Berthaud ( ), mort à la guerre.

c') Marie-Antoinette Berthaud (1896), marié à Louis Moret de Nion, d'où :

Jeannine Moret de Nion (1923).

d') Marguerite Berthaud (1898), mariée à Gignoux, d'où :

Marie-Charlotte Gignoux.
Georges Gignoux.

d') Emmanuel Berthaud (1902).

d) Marguerite Berthaud (1857), s. all.

2° Ennemond Berthaud (1819), marié à Jeanne Moretton, d'où :

a) Jean Berthaud (1863).
b) Léon Berthaud (1866).
c) Antoine Berthaud (1869).
d) Ennemond Berthaud (1875).

III. Jacques-Vincent DESGRAND (1764), marié à Louise-Catherine DURET, d'où :

A. Jacques-Vincent DESGRAND (1794), marié à Rebecca TART, d'où :

1° Jacques-Vincent DESGRAND (1828), marié à Fanny LESTER, branche anglaise.

2° Anne-Élisabeth DESGRAND (mariée à Jean-Baptiste DESGRAND (p. 181).

3° Caroline DESGRAND (1834), mariée à François DUHAMEL, d'où :

a) Alfred DUHAMEL (1852), marié à Jeanne-Mery DE MONTIGNY, d'où :

Maurice-François-Philippe DUHAMEL (1885), marié à Mlle BERNARD.

b) Caroline-Anne DUHAMEL (1855), mariée à Eugène PAUL d'où :

a') Charles PAUL (1879), marié à Cécile Cancy, d'où :

c) Léonie-Marie-Louise DUHAMEL (1860), mariée à Charles FALLY, d'où :

Marie-Thérèse FALLY (1889), mariée à Marius FAVRE.

B. Cécile DESGRAND (1797), mariée à Antoine DESGRAND (p. 180).

C. Louise-Antoinette DESGRAND (1799), mariée à Alexandre BÉGULE, d'où :

1° Françoise-Louise BÉGULE (1819), mariée à Paul ARNAUD, d'où :

a) Henriette ARNAUD (1861), mariée à André ALLIBERT, d'où :

a') Maurice ALLIBERT (1883), marié à Marie LIOT, d'où :

Paule-Berthe-Marie-Josèphe ALLIBERT (1913).

b') Marcel ALLIBERT (1887), marié à Claire COMTE.

c') Georges ALLIBERT (1897), mort à la guerre.

D. Jean-Mathieu DESGRAND (1804), marié à Pauline SEGUIN, d'où :

1° Louise-Augustine DESGRAND (1839), mariée à Franck ROUX, d'où :

a) Mathilde ROUX (1860) mariée à Henri SAINT-OLIVE, d'où :

a') Jeanne SAINT-OLIVE (1880), mariée à Louis GUÉRIN, d'où :

1° Élisabeth GUÉRIN (1902), mariée à Amédée GREFFIER DE BELLECOMBE.

2° Henriette GUÉRIN (1904), mariée à Romuald BROSSET, d'où :

Guy BROSSET (1925).

Serge BROSSET (1926).

3° Marie GUÉRIN (1905), mariée à Charles DESGAULTIÈRES.

4° Ferdinand GUÉRIN (1910).

b') Marthe SAINT-OLIVE (1881), mariée à Paul NEYRAND, d'où :

1° Charles NEYRAND (1905), élève au Séminaire français à Rome.

2° Henri NEYRAND (1907).

c') Marie SAINT-OLIVE (1885), mariée à Charles COTTIN, d'où :

1° Renée COTTIN (1909).

2° Jean COTTIN.

b) Emile ROUX (1861), marié à Jane PÉTIN d'où :

1° Jacques ROUX (1888), marié à Pierrette MORTAMOUS, d'où :

Jacqueline ROUX (1917).

Janine ROUX (1919).

Rosine ROUX (1921).

Sergine ROUX (1923).

2° Suzanne ROUX (1890).

3° François ROUX (1902).

c) Gaston ROUX (1865) marié à Marie ALLAMAGNY, d'où :

1° Yvonne ROUX (1893) mariée à Jacques DE FRAVILLE, d'où :

Hubert DE FRAVILLE (1916).

Bertrand DE FRAVILLE (1918).

2° Marcel Roux (1894), marié à Rose-Marie Clausse, d'où :
Daniel Roux.
Alain Roux.
Nicole Roux.
Etienne Roux.
3° Gilberte Roux (1897), mariée à Jacques Dogny, d'où :
Jacqueline Dogny (1918).
Jean-Pierre Dogny (1919).

E. Louis-Vincent Desgrand (1808), marié à Joanna Favre, d'où :
a) Bénédicte Desgrand (1842), mariée à Jean Chastaing, d'où :
1° Marthe Chastaing (1863), mariée à Joseph Rimaud, d'où :
a') Marie-Joséphine Rimaud (1883), mariée à Paul Jeantet, d'où :
1° André Jeantet (1909).
2° Robert Jeantet (1910).
3° François Jeantet (1915).
4° Marguerite Jeantet (1919).
5° Claude Jeantet (1921).
b') Pierre Rimaud (1887), marié à Marie-Marguerite Ribes, d'où :
1° Roger Rimaud (1919).
2° Maurice Rimaud (1920).
3° Jeanne Rimaud (1922).
c') Jean Rimaud (1889), jésuite.
d') Élisabeth Rimaud (1893), carmélite.
e') Eugène Rimaud (1897), marié à Régine Jacquet, d'où :
1° Joseph Rimaud.
2° Philippe Rimaud.
2° Jeanne Chastaing (1865), mariée à Philippe Moret de Nion, d'où :
a') Louis Moret de Nion (1889), marié à Antoinette Berthaud (p. 185).
b') Blanche Moret de Nion (1891).

c') Laurence MORET DE NION (1897), mariée à GUY DE BEAUFORT.

b) Louise DESGRAND (1844), mariée à James CHOMEL (p. 139).

c) Vincent DESGRAND (1846), marié à Louise TRAPADOUX.

d) Marie DESGRAND (1852), religieuse oblate du Sacré-Cœur.

e) Louis DESGRAND (1855), marié à Eugénie RIMAUD, d'où :

1º Louis DESGRAND (1885), jésuite, mort à la guerre.

2º Madeleine DESGRAND (1888).

3º Gabrielle DESGRAND (1891).

4º Anne-Marie DESGRAND (1896), mariée à Robert HOURS, d'où :

a') Olivier HOURS (1921).

b') Richard HOURS (1923).

f) Mathieu DESGRAND (1859), marié à Marguerite DE MAIRESSE, d'où :

1º Rita DESGRAND (1889), mariée à Henry BRIDESAC, d'où :

a') Marguerite BRIDESAC.

b') Marie BRIDESAC.

c') Claire BRIDESAC.

e') Louis BRIDESAC.

d') Gaston BRIDESAC.

f') Henriette BRIDESAC.

g') Clément BRIDESAC.

h') Élisabeth BRIDESAC.

2º Yvonne DESGRAND (1893), mariée à Clément DESBOS, d'où :

Claire DESBOS (1920).

3º Henry DESGRAND (1895), marié à Marguerite SOUVESTRE, d'où :

Marguerite-Marie DESGRAND.

§ VII. Les Frachon.

Catherine Chomel (1704), sœur du Béat, mariée à Mathieu Duret, d'où :

Catherine Duret (1739), mariée à Jean-François-Xavier Frachon, d'où :

A. Catherine Frachon ( ), mariée à Jean-Just-Mabille de Bronac de Raucoules, d'où :

Françoise-Antoinette de Bronac de Raucoules, mariée à Jean-Jacques-Silvestre Barou de la Lombardière de Canson, d'où :

a) Joséphine-Louise de Canson (1815), mariée à Charles-André Faure-Biguet, d'où :

Paul Vincent Faure-Biguet (1838), marié à Marie Thierney, d'où :

1° Gustave-Charles Faure-Biguet (1865), marié à Louise Couturier, d'où :

a') André Faure-Biguet (1897).

b') Paule Faure-Biguet (1899).

2° Charles-Louis Faure-Biguet (1865), marié à Joséphine Le Roy, d'où :

Jacques-Napoléon Faure-Biguet.

b) Catherine-Jeanne-Marie de Canson (1813), mariée à Édouard Margot, d'où :

1° Victor Margot (1832), marié à Edwige Allegret, d'où :

a) Edouard Margot, marié à Irène Tremeau, d'où :

a') Victor Margot (1889), mort à la guerre.

b') Marie Margot (1890), mariée à Louis Waton, d'où

Six enfants.

c') Charles Margot (1892), jésuite.

d') Édouard Margot (1897), étudiant jésuite.

e') Mathilde Margot (1900), mariée à François Chaland, d'où :

Deux enfants.

f') Louise Margot (1904), mariée à René Goineau, d'où :
Un enfant.

g') Jeanne Margot (1907).

b) Marie Margot (1866), mariée à Hippolyte Frachon, d'où :

a') Léonce Frachon (1890), marié à Marguerite Lavielle, d'où :
Trois enfants.

b') Antoinette Frachon (1896).

c') Marthe Frachon (1899), mariée à Charles Granet.

c) Edwige Margot (1870), mariée à Louis Breton, d'où :

a') Blanche Breton ( ), veuve de Jean Aubert, tué à la guerre, mariée à René Vital, d'où :
Quatre enfants.

b') Antoine Breton ( ), marié à Madeleine Le Tixerant, d'où :
Trois enfants.

c') Marie Breton.

2° Joseph Margot ( ), marié à Marie Charrière, d'où :

a) Eugène Margot ( ), général, marié à Isabelle Allard, veuve du général de Talancé.

b) Maurice Margot ( ), marié à Marie Louise Noblemaire, d'où :

a') René Margot ( ), marié à Marcelle Rateau, d'où :
Un enfant.

b') Madeleine Margot ( ), mariée au baron de Lassus de Saint-Geniès, d'où :
Trois enfants.

c') Robert Margot ( ),

c) Paul Margot (1866), général, marié à Fernande de Lacoste de Laval.

d) Henri MARGOT ( ), colonel, marié à Thérèse DAVIN, d'où :

a') Georges MARGOT.

b') Marie-Thérèse MARGOT.

c') Maurice MARGOT.

d') Germaine MARGOT, mariée à Roger RUBY.

e') Simone MARGOT.

f') Roger MARGOT.

g') Odile MARGOT.

e) Madeleine MARGOT ( ), mariée à Laurent MARESCHAL, d'où :

a') Pierre MARESCHAL, marié.

b') Suzanne MARÉCHAL.

c' Yvonne MARESCHAL.

f) Marie MARGOT ( ), mariée à Ernest TUJA D'OLIVIER, d'où :

a') Jean TUJA D'OLIVIER, marié.

b') Raymond TUJA D'OLIVIER.

B. Mathieu FRACHON ( ), marié à Élisabeth DURET, d'où :

1° Jean-François-Xavier FRACHON ( ), marié à Joséphine BOUTAUD, d'où :

a) Albert FRACHON ( ), marié à Caroline CHAPOT, d'où :

Jean FRACHON, prêtre.

b) Marie-Louise-Élisabeth FRACHON (1829), mariée à SAUZET.

c) Léonce FRACHON (1833), marié à Lucie ROCHER, d'où :

1° Hippolyte FRACHON (1864), marié à Marie MARGOT (p. 191).

2° Marie-Fanny FRACHON (1867), mariée à FRÉCON Gustave, d'où :

Marie-Thérèse FRÉCON (1893).

C. Xavier FRACHON (1777), marié à Lucie MALGONTIER, d'où :

1. Mathieu FRACHON (1811), marié à Eugénie SOULIER, d'où :

a) Gabriel FRACHON (1848), marié à Célie BÉCHETOILLE, d'où :

1° Mathieu FRACHON (1873), mort à la guerre, marié à Angèle DE MONTGOLFIER, d'où :

a') Simone FRACHON (1900), mariée à André LELONG, d'où :

Georges LELONG (1921)

Marc LELONG (1923).

Hugues LELONG (1926).

b') Henri FRACHON (1901).

c') Étienne FRACHON (1902).

d') Laurent FRACHON (1904)

e') Célie FRACHON (1907).

f') Catherine FRACHON (1911).

2° René FRACHON (1874), marié à Marguerite PILA, d'où :

a') Colette FRACHON ( ).

b') Marc FRACHON ( ).

3° Germaine FRACHON ( ), mariée à Camille ROSTAING (p. 161).

b) Xavier FRACHON (1853), marié à Marie DEGLESNE d'où :

1° Berthe FRACHON (1877).

2° Jean FRACHON (1879), marié à Marie MIGNOT (p. 161).

3° Marcel FRACHON (1880), marié à Mademoiselle KRANTZ d'où :

a') Nicole FRACHON (1911).

b') Jacques FRACHON (1913).

c') Andrée FRACHON (1917).

d') Jean FRACHON (1921).

4° Louis FRACHON (1885), prêtre.

5° Pierre FRACHON (1894).

c) Marie FRACHON (1855), mariée à Michel DE COLONJON, d'où :

1° Gilbert DE COLONJON (1881), marié à Marie-Antoinette DUROZAD, d'où :

a') Édouard de Colonjon (1921).
b') Andrée de Colonjon (1926).

2° Marguerite de Colonjon (1884), mariée à André Franc, d'où :

a') Alexandre Franc (1908).
b') Isabelle Franc (1911).
c') Alphonse Franc (1917).
d') Luce Franc (1920).

3° Suzanne de Colonjon (1886), mariée à Maurice Diday, mort à la guerre, d'où :

Charles } jumeaux, 7 mai 1914.
Michel }

4° Auguste de Colonjon (1888), marié à Mathilde Pouly, d'où :

a') Geneviève de Colonjon (1915).
b') Raymond de Colonjon (1916).

5° Édouard de Colonjon (1890), mort à la guerre.

6° Gaston de Colonjon (1893).

d) Amédée Frachon ( ), marié à Adèle Souchon, d'où :

1° Hélène Frachon ( ), mariée à Camille Riboud, d'où :

a') Michelle Riboud.
b') Antoine Riboud.
c') Jean Riboud.
d') Françoise Riboud.
e') Marc Riboud.
f') Olivier Riboud.
g') Silvette Riboud.

2° Lucien Frachon ( ), marié à Mlle Balaÿ, d'où :

a') Louis Frachon.
b') Charles Frachon.
c') Odile Frachon
d') Inès Frachon.
e') Madina Frachon.
f') Éric Frachon

II. Louis Frachon (1815), marié à Claire Arago d'où :

a) Marcel Frachon (1856), marié à Geneviève de Fontanes, d'où

1° Roger Frachon ( ), marié à Geneviève Malert, d'où :

a') Charles Frachon.

b') Jacqueline Frachon

c') François Frachon.

d') Bernard Frachon.

2° Étienne Frachon.

3° Jacques Frachon.

4° Jean Frachon.

D. Louis Frachon ( ), marié à Zoé de Laussat, d'où :

1. Marie-Louise Frachon ( ), mariée à N. Croharé, d'où :

a) Hyacinthe Croharé.

b) Clémence Croharé.

c) Marc Croharé.

d) Léonie Croharé.

2. Alfred Frachon (1811), marié à Camille Macquart, d'où :

a) Baron Ferdinand Frachon, marié à Valentine Seux, d'où :

1° Alfred Frachon ( ), marié à René Toussaint.

2° Isabelle Frachon ( ), mariée à Émile Robert de Mussey.

3° Marguerite Frachon ( ), mariée à Yves Refoulé, d'où :

a') Jean Refoulé.

b') Pierre Refoulé.

c') Suzanne Refoulé.

d') Geneviève Refoulé.

b) Émile Frachon (1838), marié à Anna Fournier, d'où :

1° Émilie Frachon (1871), mariée à Marcel Tranchant.

2° Paul Frachon (1873), marié à Germaine Forcade.

3° André FRACHON (1876).
4° Lucien FRACHON (1878).
e) Marie FRACHON (1845), mariée à Arthur DARCET, d'où :
1° Alfred DARCET ( ) marié à J. NOLINA, d'où :
a') Arthur DARCET.
b') Louis DARCET.
c') Jean DARCET
2° Louis DARCET ( ), marié à Célestine MATHIEU
3° Jeanne DARCET.
4° Marguerite DARCET.

E. Vincent FRACHON ( ), marié à Jeanne DUGAS VIALIS, d'où :
1. Laure FRACHON ( ), mariée à Françoise MANIQUET.
2. Victor FRACHON ( ), marié à Agathe LACROIX.
3. Vincent FRACHON ( ), marié à Césarine HULMIÈRE.

F. Jean-Marie FRACHON (1785), marié à Anne-Marie JOHANNOT, d'où :
1. Charles FRACHON (1817), marié à Louise THIVOLIER, d'où :
a) Louis FRACHON (1852), marié à Élisa ROBIN, d'où :
1° Charles FRACHON (1890).
2° Marie-Louise FRACHON (1892).
3° Antoine FRACHON (1894).
4° Gabrielle FRACHON (1897).
5° Louis FRACHON (1900) } jumeaux.
6° Jean FRACHON (1900) }
b) Anne FRACHON (1854), mariée à Paul NICOLAS, d'où :
1° Amélie NICOLAS (1882).
2° Victor NICOLAS (1889).
c) Jules FRACHON (1861), marié à Julie SPAZIN.

d) Joséphine FRACHON (1863), mariée à Albert MARTIN, d'où :

1º Jeanne MARTIN (1889).

2º Anne MARTIN (1891).

3º Lucie MARTIN (1893).

4º Louis MARTIN (1897).

e) Charles FRACHON (1870), marié à Marie-Germaine DE MONTAUZAN, d'où :

1º André FRACHON (1902).

2º Marcel FRACHON (1904).

3º Charles FRACHON (1907).

II. Vincent FRACHON (1820), marié à Antoinette BOLLON DE CLAVIÈRES, d'où :

A. Camille FRACHON (1861), marié à Marguerite DUPASQUIER, d'où :

a) Andrée FRACHON (1887), marié à Noël GARCIN, d'où :

1º Jean GARCIN (1910).

2º Pierre GARCIN (1912).

3º Madeleine GARCIN (1914).

4º Louis GARCIN (1916).

5º Édouard GARCIN (1919).

6º René GARCIN (1921).

7º Xavier GARCIN (1924)

8º Daniel GARCIN (1925).

b) Vincent FRACHON (1889), marié à Magdeleine BÉCHETOILLE, d'où :

1º Paule FRACHON (1919).

2º Camille FRACHON (1920).

3º Georges FRACHON (1922).

4º Mireille FRACHON (1925).

c) Jeanne FRACHON (1890), mariée à Charles-Édouard PAYEN, d'où :

1º Marguerite PAYEN (1913).

2º Camille PAYEN (1917).

2º Édouard PAYEN (1918).

4º Jacques PAYEN (1920).

5º Marc PAYEN (1922).

6º Gaétane PAYEN (1923).

7° Guy PAYEN (1925).
8° Germaine PAYEN (1927).
d) Louis FRACHON (1892), mort à la guerre.
e) Paul FRACHON (1893), mort à la guerre.
f) Marie-Antoinette FRACHON (1899), mariée à Henri PAYEN, d'où :
1° Cécile PAYEN (1921).
2° Louis PAYEN (1922).
3° Bernard PAYEN (1923).
4° Pierre PAYEN (1927).
g) Édith FRACHON (1900), mariée à Gabriel MADINIER, d'où :
1° Paul MADINIER (1924).
2° Jacques MADINIER (1926).

B. Nancy FRACHON (1868), mariée à Lucien RÉROLLE, d'où :
a) Jean RÉROLLE (1891), marié à Camille PAYEN, d'où :
1° Édouard RÉROLLE (1921).
2° Louis RÉROLLE (1922).
3° Anne RÉROLLE (1924).
b) Étienne RÉROLLE (1895), marié à Marie GINDRE, d'où :
1° Lucien RÉROLLE (1922).
2° Marc RÉROLLE (1924).
c) Camille RÉROLLE (1898), marié à Germaine SIBILLE, d'où :
1° Bernard RÉROLLE (1925).
2° Jacqueline RÉROLLE (1926).
d) Jacques RÉROLLE (1901).

C. Henriette FRACHON (1870), mariée à Alphonse LAVIROTTE, d'où :
a) Pierre LAVIROTTE (1896), marié à Gabrielle BERGER.
b) Alexandre LAVIROTTE (1897), marié à Claire MARTIN, d'où :
1° Vincent LAVIROTTE (1923).
2° Michelle LAVIROTTE (1925).

3° Henri LAVIROTTE (1925).

c) Maurice LAVIROTTE (1899).

d) Marie LAVIROTTE (1901), mariée à Maurice TREPPOZ.

III. Élisabeth FRACHON (1825), mariée à Alphonse SCHWICH d'où :

A. Vincent SCHWICH (1852), marié à Aline SCHWICH, d'où :

a) Marie-Aimée SCHWICH ( ), mariée à Jean DEJEAN.

b) Pierre SCHWICH (1889), marié à Mlle ROCHE-BRUIN.

c) Charles SCHWICH (1895).

B. Charles SCHWICH (1856), marié à Marie-Louise MIGNOT (p. 179).

C. Gabriel SCHWICH (1858).

G. Anne FRACHON (1775), mariée à Claude BRUYÈRE d'où :

1. Joséphine BRUYÈRE ( ), mariée à Mathieu LAURIAN, d'où :

a) Mathieu LAURIAN (1815).

b) Anne LAURIAN (1818), mariée à FARGEON, d'où :

1° Louis FARGEON (1843), marié à Sophie BEAU, d'où :

a') Pierre FARGEON (1871).

2° Isabelle FARGEON ( ), mariée à Francis GAILLARD, d'où :

a') Paul GAILLARD (1865).

b') Adolphe GAILLARD (1872).

CHAPITRE V

Marianne CHOMEL

Marianne Chomel (1712), mariée à Thomas-Ignace Pascal, d'où :

I. François-Thomas Pascal (1743), chartreux, en religion Dom Modeste.

II. Madeleine Pascal (1744).

III. Laurent Pascal (1750), prêtre collégié de Saint-Barnard à Romans.

IV. Alexandre Pascal (1753), marié à Gabrielle Julhiet, d'où :

1° Marie-Magdeleine-Charlotte Pascal (1782).
2° Gabrielle-Alexandrine Pascal (1783).
3° Louise-Françoise-Antoinette Pascal (1784).
4° Louis-Alexandre Pascal (1785).
5° Thomas-Ignace Pascal (1786).
6° Laurence Pascal (1788).
7° Gabriel-Laurent Pascal (1789).
8° Thérèse-Gabrielle-Alexandrine Pascal (1791).

SOURCES

La généalogie des Chomel, par CHOMEL, Le Béat.
La même. par le Père Léon CHOMEL.
La généalogie des Montgolfier, par Léon ROSTAING.
Celle des Desgrand, par Emmanuel NICOD.
La France moderne, par VILLAIN.

Quelques notes personnelles et les nombreuses correspondances des parents et amis qui ont bien voulu répondre à mes demandes de renseignements et auxquels j'adresse ici mes vifs remerciements.

B. CHOMEL.

TABLE DES MATIÈRES

NOTICE GÉNÉALOGIQUE

LYON. — Imp. Em. VITTE, 18, rue de la Quarantaine. — 3933.

www.ingramcontent.com/pod-product-compliance
Ingram Content Group UK Ltd.
Pitfield, Milton Keynes, MK11 3LW, UK
UKHW020245180726
13839UKWH00001B/183